本書係「敦煌文獻系統性保護整理出版工程」項目成果

二〇二一—二〇三五年國家古籍工作規劃重點出版項目

「十四五」國家重點出版物出版規劃項目

國家古籍整理出版專項經費資助項目

中國國家圖書館藏敦煌文獻

中國國家圖書館 編

第一四册

BD00174～BD00189

國家圖書館出版社

DUNHUANG MANUSCRIPTS IN THE NATIONAL LIBRARY OF CHINA

014

BD00174 ~ BD00189

compiled by the

National Library of China

National Library of China Publishing House

顧問 方廣錩 郝春文 榮新江 李際寧

編纂出版 張志清 魏崇 陳紅彥 殷夢霞 薩仁高娃
謝冬榮 劉波 林世田 廖生訓

編纂 林世田 薩仁高娃 常蓋心 于瑞 劉毅超
劉波 劉炳梅 周升川 劉婷 程佳羽
沈艷麗 高雅

編輯 潘竹 程魯潔 黃鑫 苗文葉

審稿 孫彥 耿素麗 宋志英 鄧咏秋

凡例

一　本書刊布中國國家圖書館藏敦煌文獻，以館藏編號爲序編排。

二　館藏編號采用「BD+流水號」格式，如 BD00001, BD16579 等。背面在編號後加 v 表示。一個編號包含多件文獻者，編號後分別綴以字母 A, B, C 等。一件文獻含有多個内容者，以數字 -1, -2, -3 等標明順序。

三　圖版有縮印或放大處另加説明，尺寸超出本書幅面的以摺葉形式呈現。

四　卷軸裝、梵夾裝、經摺裝等裝幀形制的敦煌文獻，各附外觀圖像。

五　每件文獻依次呈現外觀、正面、背面等。背面僅刊布有文字、圖像或其他要素的圖版，而略去素紙部分，背面圖版同樣以從右到左順序編排。凡有外題者，遵從以上原則。

六　除個別特殊情況外，爲保證閱讀連貫、流暢，圖版儘量通欄呈現。

七　各葉上方附該件文獻全圖，以高亮形式顯示本葉大圖在全卷中的位置。部分長卷文獻全圖衹能分多段呈現時，在上段末以符標示下段接續。卷尾内容不足一葉時，文獻全圖使用該圖卷尾部分，亦以符標示。背面圖版文字與正面文字方向相反時，文獻全圖按原貌顯示，正文翻轉呈現，以便閱讀研究，用符標示。

八　文獻題名大體沿用中國國家圖書館此前所編多部敦煌文獻目録的考證，部分吸收學界最新研究成果略作調整和完善。文獻題名綜合參考原卷首題、尾題、外題確定，如原卷題名與該文獻正式名稱不同，則采用正式名稱；無題名者，或比定題名，或擬定新名。非漢文文獻在題名前標注語種。有分卷不同等其他情況者，括注於文獻名稱後。

九　本書著録使用通行繁體字，涉及原文中的人名、地名等，必要時保留原字形。

About this publication

1. The documents are presented in shelfmark order.
2. The shelfmarks are in the form BD plus a running number, eg. BD00001, BD16579, &c. If a given shelfmark contains multiple documents, these are distinguished by the letters A, B, C, &c. If a document has multiple contents, they are distinguished by the numbering 1, 2, 3, &c. The verso side of an item is indicated by the letter v.
3. If it has been necessary to reduce or enlarge the size of an illustration, the dimensions are indicated. If the size of an illustration exceeds the size of the book, a folding sheet is used.
4. If the document is a scroll, a folded sutra, or has a stitched binding, a picture of the whole object is provided to show its external appearance.
5. The cover, front, and back of each document are reproduced in sequence. The back of a document is only reproduced if it contains text, illustrations, or other markings, and it is oriented from right to left. If it is blank it is not reproduced.
6. Except in a few special cases, the lines of text are reproduced unbroken to make them coherent and easier to read.
7. An illustration of the complete document is reproduced at the top of each page, and the section where the main illustration appears is highlighted in order to indicate its position. If it has only been possible to reproduce a long scroll in sections, the direction symbol ❮ has been used to indicate where one illustration ends and the next one begins. If the end of the scroll occupies less than one page, the direction symbol ❮ is used to indicate its position in the illustration of the complete document. If the text on the back of the document has a different orientation from the text on the front, it is reproduced as it is, but is also rotated (indicated with the rotation symbol ⟳) so that it can be read easily.
8. The titles of the documents generally conform with those already established by the Library, but in some cases have been amended by drawing on the most recent scholarly research. The titles are derived firstly from the beginning of the text, then from the end of the text, and lastly from the cover. If the title of a document differs from its authoritative form, the authoritative form is used; and if a document has no title, one is either supplied by comparison with similar documents, or a new one is devised. If the document is not in Chinese, its language is indicated before the title. If the number of juan is different from that of the authoritative version, or if there are other irregularities, this is noted.
9. The documents in the book are in traditional Chinese characters. Where the title contains personal or place names, the original characters used for these names are retained.

(Translated by David Helliwell)

第一四册目録

BD00174 妙法蓮華經卷一

（後秦）鳩摩羅什 譯

872cm × 25cm

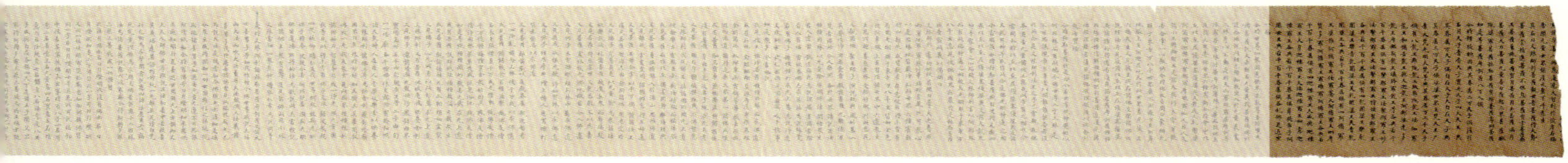

慈脩身善入佛慧通達大智到於彼岸名稱
普聞无量世界能度无數百千衆生
其名曰文殊師利菩薩觀世音菩薩得大勢
菩薩常精進菩薩不休息菩薩寶掌菩薩藥
王菩薩勇施菩薩寶月菩薩月光菩薩滿月
菩薩大力菩薩无量力菩薩越三界菩薩䟦
陁婆羅菩薩弥勒菩薩寶積菩薩導師菩薩
如是等菩薩摩訶薩八万人俱
尒時釋提桓因與其眷屬二万天子俱復有
名月天子普香天子寶光天子四大天王與
其眷屬万天子俱自在天子大自在天子與
其眷屬三万天子俱娑婆世界主梵天王尸
棄大梵光明大梵等與其眷屬万二千天子

俱有八龍王難陀龍王跋難陀龍王娑伽羅
龍王和脩吉龍王德叉迦龍王阿那婆達多
龍王摩那斯龍王優鉢羅龍王等各與若干
百千眷屬俱有四緊那羅王法緊那羅王妙
法緊那羅王大法緊那羅王持法緊那羅王
各與若干百千眷屬俱有四乾闥婆王樂乾
闥婆王樂音乾闥婆王美乾闥婆王美音乾
闥婆王各與若干百千眷屬俱有四阿脩羅
王婆稚阿脩羅王佉羅騫大阿脩羅王毗摩
質多羅阿脩羅王羅睺阿脩羅王各與若
干百千眷屬俱有四迦樓羅王大威德迦樓
羅王大身迦樓羅王大滿迦樓羅王如意迦
樓羅王各與若干百千眷屬俱韋提希子阿
闍世王與若干百千眷屬俱各礼佛足退坐

闍世王與若干百千眷屬俱各礼佛足退坐
一面
尒時世尊四衆圍遶供養恭敬尊重讚嘆爲
諸菩薩說大乘經名无量義教菩薩法佛所
護念佛說此經已結跏趺坐入於无量義處
三昧身心不動是時天雨曼陁羅華摩訶曼
陁羅華曼殊沙華摩訶曼殊沙華而散佛上
及諸大衆普佛世界六種震動尒時會中比
丘比丘尼優婆塞優婆夷天龍夜叉乹闥婆
阿脩羅迦樓羅緊那羅摩睺羅伽人非人及
諸小王轉輪聖王是諸大衆得未曾有歡
喜合掌一心觀佛尒時佛放眉間白豪相光
照于東方万八千世界靡不周遍下至阿鼻

六趣衆生又見彼土現在諸佛及聞諸佛所
說經法并見彼諸比丘比丘尼優婆塞優婆
夷諸脩行得道者復見諸菩薩摩訶薩種種
因緣種種信解種種相貌行菩薩道復見諸
佛般涅槃者復見諸佛般涅槃後以佛舍利
起七寶塔
尒時弥勒菩薩作是念今者世尊現神變相以
何因緣而有此瑞今佛世尊入于三昧是
不可思議現希有事當以問誰誰能荅者復
作此念是文殊師利法王之子已曾親近供
養過去无量諸佛必應見此希有之相我今
當問尒時比丘比丘尼優婆塞優婆夷及諸
天龍鬼神等咸作此念是佛光明神通之相
今當問誰尒時弥勒菩薩欲自決疑又觀四

今當問誰尒時弥勒菩薩欲自决疑又觀四
衆比丘比丘尼優婆塞優婆夷及諸天龍鬼
神等衆會之心而問文殊師利言以何因緣
而有此瑞神通之相放大光明照于東方万
八千土悉見彼佛國界莊嚴於是弥勒菩薩
欲重宣此義以偈問曰
文殊師利　導師何故　眉間白毫　大光普照
雨曼陁羅　曼殊沙華　栴檀香風　悅可衆心
以是因緣　地皆嚴淨　而此世界　六種震動
時四部衆　咸皆歡喜　身意快然　得未曾有
眉間光明　照于東方　万八千土　皆如金色
從阿鼻獄　上至有頂　諸世界中　六道衆生
生死所趣　善惡業緣　受報好醜　於此悉見
又覩諸佛　聖主師子　演說經典　微妙第一

其聲清淨　出柔軟音　教詔菩薩　无數億萬
梵音深妙　令人樂聞　各於世界　講說正法
種種因緣　以无量喻　照明佛法　開悟衆生
若人遭苦　猒老病死　為說涅槃　盡諸苦際
若人有福　曾供養佛　志求勝法　為說緣覺
若有佛子　脩種種行　求无上慧　為說淨道
文殊師利　我住於此　見聞若斯　及千億事
如是衆多　今當略說
我見彼土　恒沙菩薩　種種因緣　而求佛道
或有行施　金銀珊瑚　真珠摩尼　車𤦲馬瑙
金剛諸珍　奴婢車乘　寶飾輦轝　歡喜布施
迴向佛道　願得是乘　三界第一　諸佛所嘆
或有菩薩　駟馬寶車　蘭楯華蓋　軒飾布施
復有菩薩　身肉手足　及妻子施　求无上道

復有菩薩　身肉手足　及妻子施　求无上道
又見菩薩　頭目身體　欣樂施與　求佛智慧
文殊師利　我見諸王　往詣佛所　問无上道
便捨樂土　宮殿臣妾　剃除鬚髮　而被法服
或見菩薩　而作比丘　獨處閑靜　樂誦經典
又見菩薩　勇猛精進　入於深山　思惟佛道
又見離欲　常處空閑　深修禪定　得五神通
又見菩薩　安禪合掌　以千万偈　讚諸法王
復見菩薩　智深志固　能問諸佛　聞悉受持
又見佛子　定慧具足　以无量喻　為衆講法
欣樂說法　化諸菩薩　破魔兵衆　而擊法鼓
又見菩薩　寂然宴嘿　天龍恭敬　不以為喜
又見菩薩　處林放光　濟地獄苦　令入佛道
又見佛子　未嘗睡眠　經行林中　懃求佛道

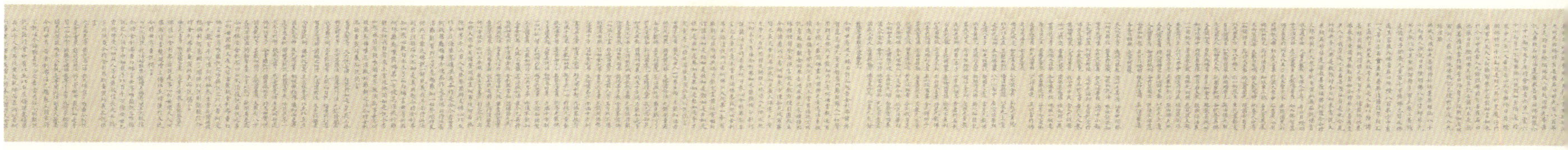

又見具戒　威儀无缺　淨如寶珠　以求佛道
又見佛子　住忍辱力　增上慢人　惡罵捶打
皆悉能忍　以求佛道
又見菩薩　離諸戲咲　及癡眷屬　親近智者
一心除亂　攝念山林　億千万歲　以求佛道
或見菩薩　餚饍飲食　百種湯藥　施佛及僧
名衣上服　價直千万　或无價衣　施佛及僧
千万億種　旃檀寶舍　衆妙卧具　施佛及僧
清淨園林　華菓茂盛　流泉浴池　施佛及僧
如是等施　種種微妙　歡喜无猒　求无上道
或有菩薩　說寂滅法　種種教詔　无數衆生
或見菩薩　觀諸法性　无有二相　猶如虛空
又見佛子　心无所着　以此妙慧　求无上道
文殊師利　又有菩薩　佛滅度後　供養舍利

文殊師利　又有菩薩　佛滅度後　供養舍利
又見佛子　造諸塔廟　无數恒沙　嚴飾國界
寶塔高妙　五千由旬　縱廣正等　二千由旬
一一塔廟　各千幢幡　珠交露幔　寶鈴和鳴
諸天龍神　人及非人　香華伎樂　常以供養
文殊師利　諸佛子等　為供舍利　嚴飾塔廟
國界自然　殊特妙好　如天樹王　其華開敷
佛放一光　我及衆會　見此國界　種種殊妙
諸佛神力　智慧希有　放一淨光　照无量國
我等見此　得未曾有　佛子文殊　願決衆疑
四衆欣仰　瞻仁及我　世尊何故　放斯光明
佛子時荅　決疑令喜　何所饒益　演斯光明
佛坐道場　所得妙法　為欲說此　為當授記
示諸佛土　衆寶嚴淨　及見諸佛　此非小緣

是時文殊師利語彌勒菩薩摩訶薩及諸大
士善男子等如我惟忖今佛世尊欲說大法
雨大法雨吹大法螺擊大法鼓演大法義諸
善男子我於過去諸佛曾見此瑞放斯光已
即說大法是故當知今佛現光亦復如是欲
令衆生咸得聞知一切世間難信之法故現
斯瑞諸善男子如過去无量无邊不可思議
阿僧祇劫尒時有佛号日月燈明如來應供
正遍知明行足善逝世間解无上士調御丈
夫天人師佛世尊演說正法初善中善後善
其義深遠其語巧妙純一无雜具足清白梵
行之相為求聲聞者說應四諦法度生老病
死究竟涅槃為求辟支佛者說應十二因緣

死究竟涅槃為求辟支佛者說應十二因緣
法為諸菩薩說應六波羅蜜令得阿耨多羅
三藐三菩提成一切種智
次復有佛亦名日月燈明次復有佛亦名日
月燈明如是二万佛皆同一字号日月燈明
又同一姓姓頗羅堕弥勒當知初佛後佛皆
同一字名日月燈明十号具足所可說法初
中後善其最後佛未出家時有八子一名有
意二名善意三名无量意四名寶意五名增
意六名除疑意七名嚮意八名法意是八王
子威德自在各領四天下是諸王子聞父出
家得阿耨多羅三藐三菩提悉捨王位亦隨
出家發大乘意常脩梵行皆為法師已於千
万億佛所殖眾德本是時日月燈明佛說大

乘經名无量義教菩薩法佛所護念說是經
已即於大衆中結跏趺坐入於无量義處三
昧身心不動是時天雨曼陀羅華摩訶曼陀
羅華曼殊沙華摩訶曼殊沙華而散佛上及
諸大衆普佛世界六種震動尒時會中比丘
比丘尼優婆塞優婆夷天龍夜叉乾闥婆阿
脩羅迦樓羅緊那羅摩睺羅伽人非人及諸
小王轉輪聖王等是諸大衆得未曾有歡喜
合掌一心觀佛
尒時如來放眉間白毫相光照東方万八千
佛土靡不周遍如今所見是諸佛土弥勒當
知尒時會中有二十億菩薩樂欲聽法是諸
菩薩見此光明普照佛土得未曾有欲知此
光所為因緣時有菩薩名曰妙光有八百弟

光所為因緣時有菩薩名曰妙光有八百弟
子是時日月燈明佛從三昧起因妙光菩薩
說大乘經名妙法蓮華教菩薩法佛所護念
六十小劫不起于座時會聽者亦坐一處六
十小劫身心不動聽佛所說謂如食頃是時
衆中无有一人若身若心而生懈惓日月燈
明佛於六十小劫說是經已即於梵魔沙門
婆羅門及天人阿脩羅衆中而宣此言如來
於今日中夜當入无餘涅槃時有菩薩名曰
德藏日月燈明佛即授其記告諸比丘是德
藏菩薩次當作佛号曰淨身多陁阿伽度阿
羅訶三藐三佛陁佛授記已便於中夜入无
餘涅槃
佛滅度後妙光菩薩持妙法蓮華經滿八十

小劫為人演說日月燈明佛八子皆師妙光
妙光教化令其堅固阿耨多羅三藐三菩提
是諸王子供養无量百千万億佛已皆成佛
道其最後成佛者名曰燃燈八百弟子中有
一人号曰求名貪著利養雖復讀誦衆經而
不通利多所忘失故号求名是人亦以種諸
善根因緣故得值无量百千万億諸佛供養
恭敬尊重讃嘆弥勒當知尒時妙光菩薩豈
異人乎我身是也求名菩薩汝身是也今見
此瑞與本无異是故惟忖今日如來當說大
乘經名妙法蓮華教菩薩法佛所護念尒時
文殊師利於大衆中欲重宣此義而說偈言
我念過去世　无量无數劫　有佛人中尊　号日月燈明
世尊演說法　度无量衆生　无數億菩薩　令入佛智慧

世尊演說法　度无量眾生　无數億菩薩　令入佛智慧
佛未出家時　所生八王子　見大聖出家　亦隨脩梵行
時佛說大乘　經名无量義　於諸大眾中　而為廣分別
佛說此經已　即於法座上　跏趺坐三昧　名无量義處
天雨曼陀華　天鼓自然鳴　諸天龍鬼神　供養人中尊
一切諸佛土　即時大震動　佛放眉間光　現諸希有事
此光照東方　万八千佛土　示一切眾生　生死業報處
有見諸佛土　以眾寶莊嚴　琉璃頗梨色　斯由佛光照
及見諸天人　龍神夜叉眾　乾闥緊那羅　各供養其佛
又見諸如來　自然成佛道　身色如金山　端嚴甚微妙
如淨琉璃中　內現真金像　世尊在大眾　敷演深法義
一一諸佛土　聲聞眾无數　因佛光所照　悉見彼大眾
或有諸比丘　在於山林中　精進持淨戒　猶如護明珠

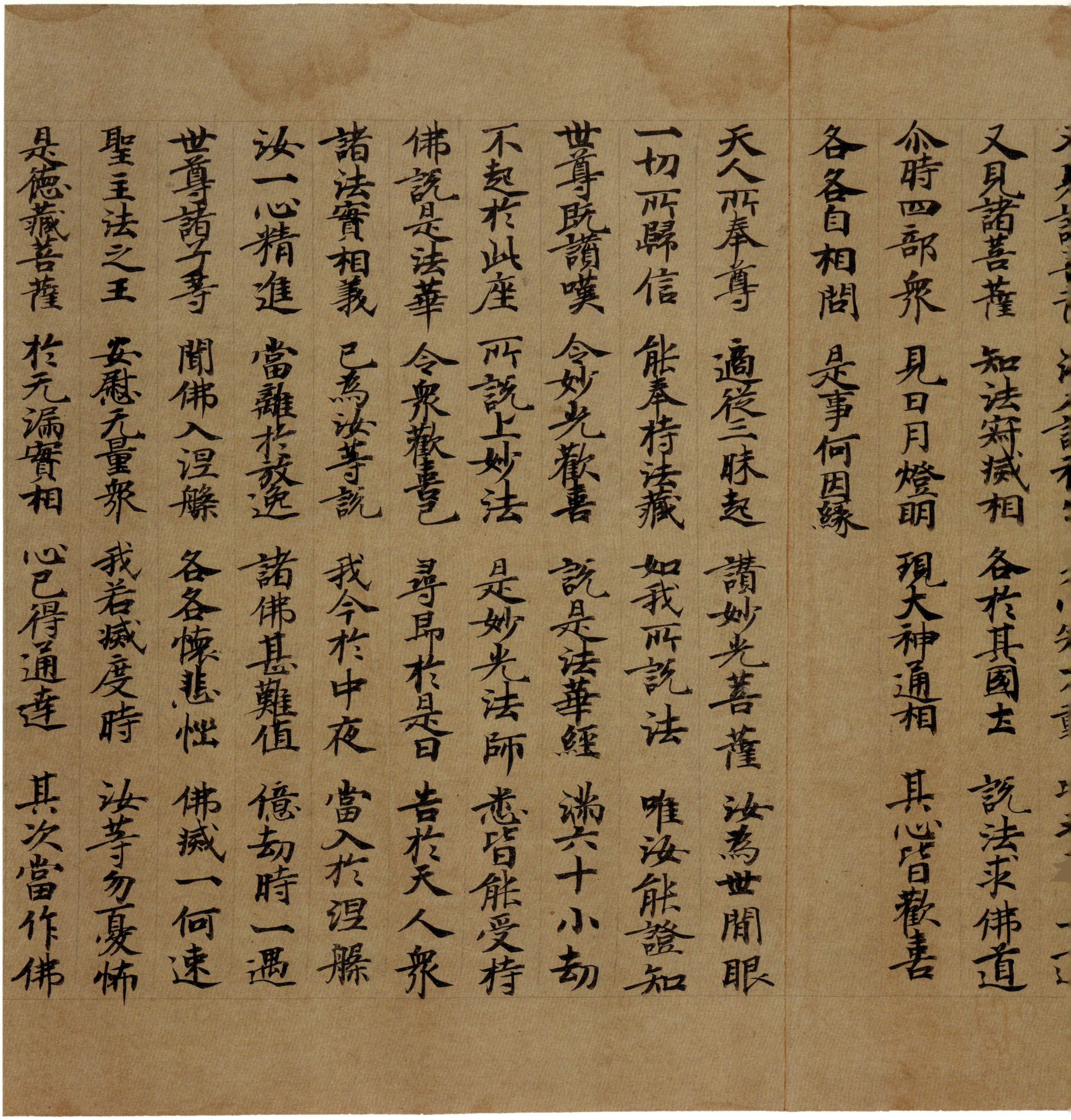

又見諸菩薩　深入諸禪定　身心寂不動　以求无上道
又見諸菩薩　知法寂滅相　各於其國土　說法求佛道
尒時四部眾　見日月燈明　現大神通相　其心皆歡喜
各各自相問　是事何因緣

天人所奉尊　適從三昧起　讚妙光菩薩　汝為世間眼
一切所歸信　能奉持法藏　如我所說法　唯汝能證知
世尊既讚歎　令妙光歡喜　說是法華經　滿六十小劫
不起於此座　所說上妙法　是妙光法師　悉皆能受持
佛說是法華　令眾歡喜已　尋即於是日　告於天人眾
諸法實相義　已為汝等說　我今於中夜　當入於涅槃
汝一心精進　當離於放逸　諸佛甚難值　億劫時一遇
世尊諸子等　聞佛入涅槃　各各懷悲惱　佛滅一何速
聖主法之王　安慰无量眾　我若滅度時　汝等勿憂怖
是德藏菩薩　於无漏實相　心已得通達　其次當作佛

是德藏菩薩　於无漏實相　心已得通達　其次當作佛
号曰為淨身　亦度无量衆
佛此夜滅度　如薪盡火滅　分布諸舍利　而起无量塔
比丘比丘尼　其數如恒沙　倍復加精進　以求无上道
是妙光法師　奉持佛法藏　八十小劫中　廣宣法華經
是諸八王子　妙光所開化　堅固无上道　當見无數佛
供養諸佛已　隨順行大道　相繼得成佛　轉次而授記
最後天中天　号曰燃燈佛　諸仙之導師　度脫无量衆
是妙光法師　時有一弟子　心常懷懈怠　貪著於名利
求名利无猒　多遊族姓家　棄捨所習誦　廢忘不通利
以是因緣故　号之為求名　亦行衆善業　得見无數佛
供養於諸佛　隨順行大道　具六波羅蜜　今見釋師子
其後當作佛　号名曰彌勒　廣度諸衆生　其數无有量
彼佛滅度後　懈怠者汝是　妙光法師者　今則我身是

我見燈明佛　本光瑞如此　以是知今佛　欲說法華經
今相如本瑞　是諸佛方便　今佛放光明　助發實相義
諸人今當知　合掌一心待　佛當雨法雨　充足求道者
諸求三乘人　若有疑悔者　佛當為除斷　令盡无有餘

妙法蓮華經方便品第二

尒時世尊從三昧安詳而起告舍利弗諸佛智慧甚深无量其智慧門難解難入一切聲聞辟支佛所不能知所以者何佛曾親近百千万億无數諸佛盡行諸佛无量道法勇猛精進名稱普聞成就甚深未曾有法隨宜所說意趣難解舍利弗吾從成佛已來種種因緣種種譬喻廣演言教无數方便引導衆生令離諸著所以者何如來方便知見波羅蜜皆已具足舍利弗如來知見廣大深遠无量

皆已具足舍利弗如來知見廣大深遠无量
无㝵无力所畏禪定解脫三昧深入无際成就
一切未曾有法舍利弗如來能種種分別巧
說諸法言辭柔耎悅可衆心舍利弗取要
言之无量无邊未曾有法佛悉成就止舍利
弗不須復說所以者何佛所成就第一希有
難解之法唯佛與佛乃能究盡諸法實相所
謂諸法如是相如是性如是體如是力如是
作如是因如是緣如是果如是報如是本末
究竟等尒時世尊欲重宣此義而說偈言
世雄不可量　諸天及世人　一切衆生類　无能知佛者
佛力无所畏　解脫諸三昧　及佛諸餘法　无能測量者
本從无數佛　具足行諸道　甚深微妙法　難見難可了
於无量億劫　行此諸道已　道場得成果　我已悉知見

是法不可示　言辭相寂滅　諸餘衆生類　无有能得解
除諸菩薩衆　信力堅固者　諸佛弟子衆　曾供養諸佛
一切漏已盡　住是最後身　如是諸人等　其力所不堪
假使滿世間　皆如舍利弗　盡思共度量　不能測佛智
正使滿十方　皆如舍利弗　及餘諸弟子　亦滿十方剎
盡思共度量　亦復不能知　辟支佛利智　无漏最後身
亦滿十方界　其數如竹林　斯等共一心　於億无量劫
欲思佛實智　莫能知少分　新發意菩薩　供養无數佛
了達諸義趣　又能善說法　如稻麻竹葦　充滿十方剎
一心以妙智　於恒河沙劫　咸皆共思量　不能知佛智
不退諸菩薩　其數如恒沙　一心共思求　亦復不能知
又告舍利弗　无漏不思議　甚深微妙法　我今已具得
唯我知是相　十方佛亦然　舍利弗當知　諸佛語无異

唯我知是相　十方佛亦然　舍利弗當知　諸佛語无異
於佛所說法　當生大信力　世尊法久後　要當說真實
告諸聲聞衆　及求緣覺乘　我令脫苦縛　逮得涅槃者
佛以方便力　示以三乘教　衆生處處著　引之令得出
尒時大衆中有諸聲聞漏盡阿羅漢阿若憍
陳如等千二百人及發聲聞辟支佛心比丘
比丘尼優婆塞優婆夷各作是念今者世尊
何故慇懃稱歎方便而作是言佛所得法甚
深難解有所言說意趣難知一切聲聞辟支
佛所不能及佛說一解脫義我等亦得此法
到於涅槃而今不知是義所趣尒時舍利弗
知四衆心疑自亦未了而白佛言世尊何因
何緣慇懃稱歎諸佛第一方便甚深微妙難

故慇懃稱歎甚深微妙難解之法尒時舍利
弗欲重宣此義而說偈言
慧日大聖尊　久乃說是法　自說得如是　力无畏三昧
禪定解脫等　不可思議法　道場所得法　无能發問者
我意難可測　亦无能問者　无問而自說　稱歎所行道
智慧甚深妙　諸佛之所得　无漏諸羅漢　及求涅槃者
今皆墮疑網　佛何故說是　其求緣覺者　比丘比丘尼
諸天龍鬼神　及乾闥婆等　相視懷猶豫　瞻仰兩足尊
是事為云何　願佛為解說　於諸聲聞眾　佛說我第一
我今自於智　疑惑不能了　為是究竟法　為是所行道
佛口所生子　合掌瞻仰待　願出微妙音　時為如實說
諸天龍神等　其數如恒沙　求佛諸菩薩　大數有八万
又諸万億國　轉輪聖王至　合掌以敬心　欲聞具足道

又諸万億國 轉輪聖王至 合掌以敬心 欲聞具足道
尒時佛告舍利弗 止止不須復說 若說是事
一切世間諸天及人皆當驚疑 舍利弗重白
佛言 世尊 唯願說之 唯願說之 所以者何 是
會无數百千万億阿僧祇衆生 曾見諸佛 諸
根猛利 智慧明了 聞佛所說 則能敬信 尒
時舍利弗欲重宣此義 而說偈言
法王无上尊 唯說願勿慮 是會无量衆 有能敬信者
佛復止舍利弗 若說是事 一切世間天人阿
脩羅皆當驚疑 增上慢比丘將墜於大坑
尒時世尊重說偈言
止止不須說 我法妙難思 諸增上慢者 聞必不敬信
尒時舍利弗重白佛言 世尊 唯願說之 唯願

[illegible]
多所饒益尒時舍利弗欲重宣此義而說偈
言
无上兩足尊　願說第一法　我為佛長子　唯垂分別說
是會无量衆　能敬信此法　佛已曾世世　教化如是等
皆一心合掌　欲聽受佛語　我等千二百　及餘求佛者
願為此衆故　唯垂分別說　是等聞此法　則生大歡喜
尒時世尊告舍利弗汝已慇懃三請豈得
不說汝今諦聽善思念之吾當為汝分別解說
說此語時會中有比丘比丘尼優婆塞優婆
夷五千人等即從坐起礼佛而退所以者何
此輩罪根深重及增上慢未得謂得未證謂
證有如此失是以不住世尊嘿然而不制止
尒時佛告舍利弗我今此衆无復枝葉純有

尒時佛告舍利弗我今此衆无復枝葉純有
貞實舍利弗如是增上慢人退亦佳矣汝今
善聽當爲汝說舍利弗言唯然世尊願樂欲
聞佛告舍利弗如是妙法諸佛如來時乃說
之如優曇鉢華時一現耳舍利弗汝等當信
佛之所說言不虛妄舍利弗諸佛隨宜說法
意趣難解所以者何我以无數方便種種因
緣譬喻言辭演說諸法是法非思量分別之
所能解唯有諸佛乃能知之所以者何諸佛
世尊唯以一大事因緣故出現於世舍利弗
云何名諸佛世尊唯以一大事因緣故出現
於世諸佛世尊欲令衆生開佛知見使得清
淨故出現於世欲示衆生佛知見故出現於

佛以一大事因緣故出現於世
佛告舍利弗諸佛如來但教化菩薩諸有所
作常為一事唯以佛之知見示悟衆生舍利
弗如來但以一佛乘故為衆生說法无有餘
乘若二若三舍利弗一切十方諸佛法亦如
是舍利弗過去諸佛以无量无數方便種種
因緣譬喻言辭而為衆生演說諸法是法皆
為一佛乘故是諸衆生從諸佛聞法究竟皆
得一切種智舍利弗未來諸佛當出於世亦
以无量无數方便種種因緣譬喻言辭而為
衆生演說諸法是法皆為一佛乘故是諸衆
生從佛聞法究竟皆得一切種智舍利弗現
在十方无量百千万億佛土中諸佛世尊多

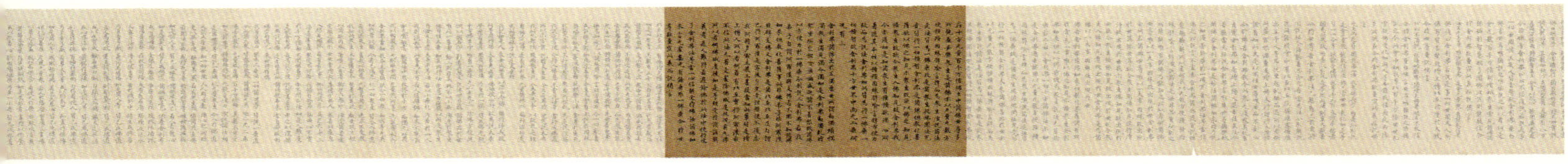

在十方无量百千万億佛土中諸佛世尊多
所饒益安樂衆生是諸佛亦以无量无數方
便種種因緣譬喻言辭而爲衆生演說諸法
是法皆爲一佛乘故是諸衆生從佛聞法究
竟皆得一切種智舍利弗是諸佛但教化菩
薩欲以佛之知見示衆生故欲以佛之知見
悟衆生故欲令衆生入佛知見故舍利弗我
今亦復如是知諸衆生有種種欲深心所
著隨其本性以種種因緣譬喻言辭方便力
故而爲說法舍利弗如此皆爲得一佛乘一
切種智故舍利弗十方世界中尚无二乘何
況有三
舍利弗諸佛出於五濁惡世所謂劫濁煩惱
濁衆生濁見濁命濁如是舍利弗劫濁亂時

眾生垢重慳貪嫉妬成就諸不善根故諸佛
以方便力於一佛乘分別說三舍利弗若我
弟子自謂阿羅漢辟支佛者不聞不知諸佛
如来但教化菩薩事此非佛弟子非阿羅漢
非辟支佛又舍利弗是諸比丘比丘尼自謂
已得阿羅漢是最後身究竟涅槃便不復志
求阿耨多羅三藐三菩提當知此輩皆是增
上慢人所以者何若有比丘實得阿羅漢若
不信此法无有是處除佛滅度後現前无佛
所以者何佛滅度後如是等經受持讀誦解
義者是人難得若遇餘佛於此法中便得決
了舍利弗汝等當一心信解受持佛語諸佛如
来言无虛妄无有餘乘唯一佛乘尒　時世
尊欲重宣此義而說偈言

尊欲重宣此義而說偈言
比丘比丘尼　有懷增上慢　優婆塞我慢　優婆夷不信
如是四眾等　其數有五千　不自見其過　於戒有缺漏
護惜其瑕疵　是小智已出　眾中之糟糠　佛威德故去
斯人尠福德　不堪受是法　此眾无枝葉　唯有諸貞實
舍利弗善聽　諸佛所得法　无量方便力　而為眾生說
眾生心所念　種種所行道　若干諸欲性　先世善惡業
佛悉知是已　以諸緣譬喻　言辭方便力　令一切歡喜
或說脩多羅　伽陁及本事　本生未曾有　亦說於因緣
譬喻并祇夜　憂波提舍經　鈍根樂小法　貪著於生死
於諸无量佛　不行深妙道　眾苦所惱亂　為是說涅槃
我設是方便　令得入佛慧　未曾說汝等　當得成佛道
所以未曾說　說時未至故　今正是其時　決定說大乘
我此九部法　隨順眾生說　入大乘為本　以故說是經

有佛子心淨　柔軟亦利根　无量諸佛所　而行深妙道
為此諸佛子　說是大乘經
我記如是人　來世成佛道　以深心念佛　脩持淨戒故
此等聞得佛　大喜充遍身　佛知彼心行　故為說大乘
聲聞若菩薩　聞我所說法　乃至於一偈　皆成佛无疑
十方佛土中　唯有一乘法　无二亦无三　除佛方便說
但以假名字　引導於衆生　說佛智慧故　諸佛出於世
唯此一事實　餘二則非真　終不以小乘　濟度於衆生
佛自住大乘　如其所得法　定慧力莊嚴　以此度衆生
自證无上道　大乘平等法　若以小乘化　乃至於一人
我則墮慳貪　此事為不可　若人信歸佛　如來不欺誑
亦无貪嫉意　斷諸法中惡　故佛於十方　而獨无所畏
我以相嚴身　光明照世間　无量衆所尊　為說實相印
舍利弗當知　我本立誓願　欲令一切衆　如我等无異

舍利弗當知　我本立誓願　欲令一切衆　如我等无異
如我昔所願　今者已滿足　化一切衆生　皆令入佛道
若我遇衆生　盡教以佛道　无智者錯亂　迷惑不受教
我知此衆生　未曾脩善本　堅著於五欲　癡愛故生惱
以諸欲因緣　墜墮三惡道　輪迴六趣中　備受諸苦毒
受胎之微形　世世常增長　薄德少福人　衆苦所逼迫
入邪見稠林　若有若无等　依止此諸見　具足六十二
深著虛妄法　堅受不可捨　我慢自矜高　諂曲心不實
於千万億劫　不聞佛名字　亦不聞正法　如是人難度
是故舍利弗　我為設方便　說諸盡苦道　示之以涅槃
我雖說涅槃　是亦非真滅　諸法從本來　常自寂滅相
佛子行道已　來世得作佛
我有方便力　開示三乘法　一切諸世尊　皆說一乘道
今此諸大衆　皆應除疑惑　諸佛語無異　唯一无二乘

如是諸世尊　種種緣譬喻　无數方便力　演說諸法相
是諸世尊等　皆說一乘法　化无量衆生　令入於佛道
又諸大聖衆　知一切世間　天人群生類　深心之所欲
更以異方便　助顯苐一義　若有衆生類　值諸過去佛
若聞法布施　或持戒忍辱　精進禪智等　種種脩福徳
如是諸人等　皆已成佛道　諸佛滅度已　若人善耎心
如是諸衆生　皆已成佛道　諸佛滅度已　供養舍利者
起万億種塔　金銀及頗梨　車璖与馬瑙　玫瑰瑠璃珠
清淨廣嚴飾　莊校於諸塔　或有起石廟　栴檀及沈水
木蜜并餘材　塼瓦泥土等　若於曠野中　積土成佛廟
乃至童子戲　聚沙為佛塔　如是諸人等　皆已成佛道
若人為佛故　建立諸形像　刻彫成衆相　皆已成佛道
或以七寶成　鍮石赤白銅　白鑞及鉛錫　鐵木及與泥

或以七寶成　鍮石赤白銅　白鑞及鉛錫　鐵木及與泥
或以膠漆布　嚴飾作佛像　如是諸人等　皆已成佛道
彩畫作佛像　百福莊嚴相　自作若使人　皆已成佛道
乃至童子戲　若草木及筆　或以指爪甲　而畫作佛像
如是諸人等　漸漸積功德　具足大悲心　皆已成佛道
但化諸菩薩　度脫无量衆　若人於塔廟　寶像及畫像
以華香幡蓋　敬心而供養　若使人作樂　擊鼓吹角貝
簫笛琴箜篌　琵琶鐃銅鈸　如是衆妙音　盡持以供養
或以歡喜心　歌唄頌佛德　乃至一小音　皆已成佛道
若人散乱心　乃至以一華　供養於畫像　漸見无數佛
或有人礼拜　或復但合掌　乃至舉一手　或復小低頭
以此供養像　漸見无量佛　自成无上道　廣度无數衆
入无餘涅槃　如薪盡火滅

未來諸世尊　其數无有量　是諸如來等　亦方便說法
一切諸如來　以无量方便　度脫諸眾生　入佛无漏智
若有聞法者　无一不成佛　諸佛本誓願　我所行佛道
普欲令眾生　亦同得此道　未來世諸佛　雖說百千億
无數諸法門　其實為一乘　諸佛兩足尊　知法常无性
佛種從緣起　是故說一乘　是法住法位　世間相常住
於道場知已　導師方便說　天人所供養　現在十方佛
其數如恒沙　出現於世間　安隱眾生故　亦說如是法
知第一寂滅　以方便力故　雖示種種道　其實為佛乘
知眾生諸行　深心之所念　過去所習業　欲性精進力
及諸根利鈍　以種種因緣　譬喻亦言辭　隨應方便說
今我亦如是　安隱眾生故　以種種法門　宣示於佛道
我以智慧力　知眾生性欲　方便說諸法　皆令得歡喜

BD00174　妙法蓮華經卷一

我以智慧力　知衆生性欲　方便説諸法　皆令得歡喜
舍利弗當知　我以佛眼觀　見六道衆生　貧窮无福慧
入生死險道　相續苦不斷　深著於五欲　如犛牛愛尾
以貪愛自蔽　盲瞑无所見　不求大勢佛　及與斷苦法
深入諸邪見　以苦欲捨苦　爲是衆生故　而起大悲心
我始坐道場　觀樹亦經行　於三七日中　思惟如是事
我所得智慧　微妙最第一　衆生諸根鈍　著樂癡所盲
如斯之等類　云何而可度
尒時諸梵王　及諸天帝釋　護世四天王　及大自在天
并餘諸天衆　眷屬百千万　恭敬合掌礼　請我轉法輪
我卽自思惟　若但讚佛乘　衆生沒在苦　不能信是法
破法不信故　墜於三惡道　我寧不説法　疾入於涅槃
尋念過去佛　所行方便力　我今所得道　亦應説三乘
作是思惟時　十方佛皆現　梵音慰喻我

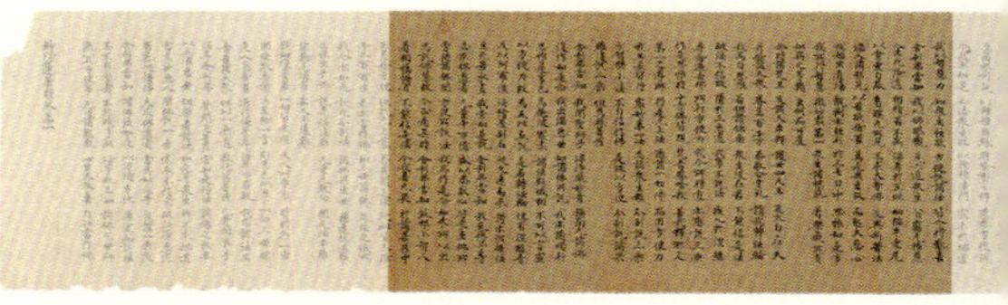

我等亦皆得　㝡妙苐一法　為諸衆生類　分别說三乘
少智樂小法　不自信作佛　是故以方便　分别說諸果
雖復說三乘　但為教菩薩
舍利弗當知　我聞聖師子　深淨微妙音　稱南无諸佛
復作如是念　我出濁惡世　如諸佛所說　我亦隨順行
思惟是事已　即趣波羅柰　諸法寂滅相　不可以言宣
以方便力故　為五比丘說　是名轉法輪　便有涅槃音
及以阿羅漢　法僧差别名　從久遠劫來　讃示涅槃法
生死苦永盡　我常如是說　舍利弗當知　我見佛子等
志求佛道者　无量千万億　咸以恭敬心　皆來至佛所
曾從諸佛聞　方便所說法　我即作是念　如來所以出
為說佛慧故　今正是其時　舍利弗當知　鈍根小智人
著相憍慢者　不能信是法　今我喜无畏　於諸菩薩中

BD00174　妙法蓮華經卷一

著相憍慢者　不能信是法　今我喜无畏　於諸菩薩中
正直捨方便　但說无上道　菩薩聞是法　疑網皆已除
千二百羅漢　悉亦當作佛　如三世諸佛　說法之儀式
我今亦如是　說无分別法　諸佛興出世　懸遠值遇難
正使出于世　說是法復難　无量无數劫　聞是法亦難
能聽是法者　斯人亦復難
譬如優曇華　一切皆愛樂　天人所希有　時時乃一出
聞法歡喜讚　乃至發一言　則為已供養　一切三世佛
是人甚希有　過於優曇華　汝等勿有疑　我為諸法王
普告諸大衆　但以一乘道　教化諸菩薩　无聲聞弟子
汝等舍利弗　聲聞及菩薩　當知是妙法　諸佛之秘要
以五濁惡世　但樂著諸欲　如是等衆生　終不求佛道
當來世惡人　聞佛說一乘　迷惑不信受　破法墮惡道
有慚愧清淨　志求佛道者　當為如是等　廣讚一乘道

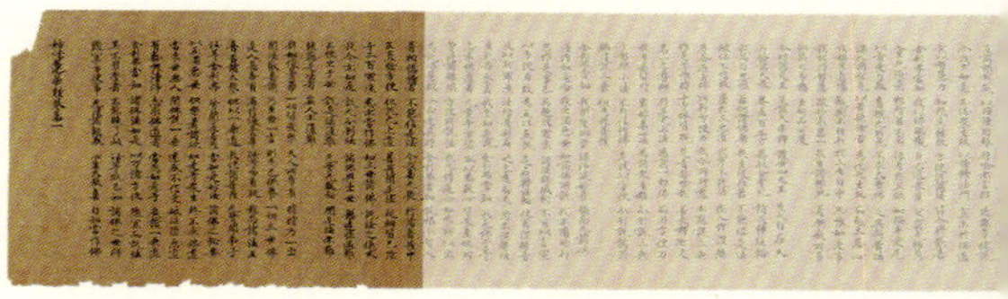

舍利弗當知　諸佛法如是　以萬億方便　隨宜而說法
其不習學者　不能曉了此　汝等既已知　諸佛之世師
隨宜方便事　无復諸疑惑　心生大歡喜　自知當作佛

妙法蓮華經卷第一

BD00175 金光明最勝王經卷七

（唐）義净 譯

618.2cm×24.2cm

末　　沙
末你　阿毗師
訶囉　輸婆　心
利多引　薄虎郡
馱引　莎訶
佛告舍利子此無染著陀羅尼句若有
能善安住能正受持者當知是人若於一
若百劫若千劫若百千劫所發正願
盡身亦不被刀仗毒藥水火猛
何以故舍利子此無染著陀羅尼是
母未來諸佛母現在諸佛母舍利
有人以十阿僧企耶三千大千世界七
寶奉施諸佛及以上妙衣服飲食種種供養
經無數劫若復有人於此陀羅尼乃至一句
能受持者所生之福倍多於彼何以故舍利
[illegible]

喜咸願受持

金光明最勝王經如意寶珠品第十四

尒時世尊於大衆中告阿難陁曰汝等當知
有陁羅尼名如意寶珠遠離一切灾厄亦能
遮止諸惡雷電過去如來應正等覺所共宣
說我於今時於此經中亦為汝等大衆宣說
能於人天為大利益哀愍世間擁護一切令
得安樂時諸大衆及阿難陁聞佛語已各各
至誠瞻仰世尊聽受神呪佛言汝等諦聽於
此東方有光明電王名阿揭多南方有光明
電王名設羝嚕西方有光明電王名主多光
北方有光明電王名蘇多末尼若有善男子
善女人得聞如是電王名字及知方處者此
人即便遠離一切怖畏之事及諸灾横悉皆
消除若於住處書此四方電王名者於所住

人即便遠離一切怖畏之事及諸灾擴患皆
消殄若於住處書此四方電王名者於所住
處無雷電怖亦無灾厄及諸障惱非時枉死
悉皆遠離尒時世尊即說呪曰
怛　姪　他　儞弭儞　弭　儞　弭
尼　民　遠　哩　室哩盧迦盧　羯　儞
室哩輸　攞　波　儞　曷　路叉曷　路　叉
我某甲及此住處一切恐怖所有苦惱雷電
霹靂乃至枉死悉皆遠離莎訶
尒時觀自在菩薩摩訶薩在大衆中即從座
起偏袒右肩合掌恭敬白佛言世尊我今亦
於佛前略說如意寶珠神呪於諸人天為大
利益哀愍世間擁護一切令得安樂有大威
力所求如願即說呪曰
怛　姪　他　喝　帝　毗　喝　帝　儞　喝　帝
[illegible]

安荼入聲㘑般荼㘑　秖平聲帝
般荼囉婆死你　喝㘑羯荼引㘑
劫　畢　㘑　水揭羅惡綺
達地　目　企　昌路叉昌嚕叉
我某甲及此住處一切恐怖所有苦惱乃至
枉死悉皆遠離願我莫見罪惡之事常蒙
聖觀自在菩薩大悲威光之所護念莎訶
尒時執金剛秘密主菩薩即從座起合掌恭
敬白佛言世尊我今亦說陀羅尼呪名曰無
勝於諸人天為大利益哀愍世間擁護一切
有大威力所求如願即說呪曰
怛姪他毋你毋你　毋尼㘑末底末底
蘇末底莫訶末底　呵呵呵磨婆以
耶悉底帝引波跛　跋析攞波你
惡鉗火含姪嘌　荼上　莎訶

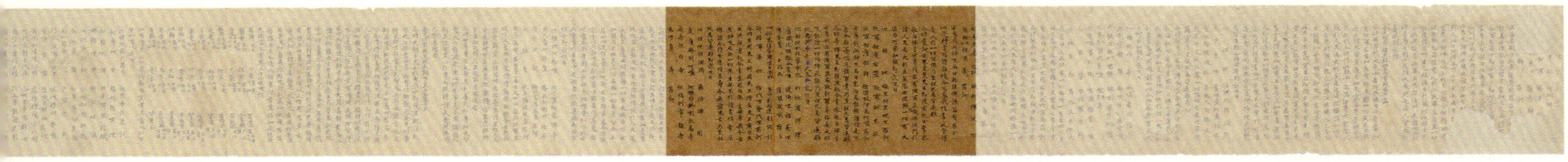

刪悉底希 波跛 跋析攞 波 你
悉鉗火合 婬嘌 荼上 莎訶
世尊我此神呪名曰無勝擁護若有男女一
心受持書寫讀誦憶念不忘我於晝夜常護
是人於一切恐怖乃至枉死悉皆遠離
尒時索訶世界主梵天王即從座起合掌恭
敬白佛言世尊我亦有陁羅尼微妙法門於
諸人天為大利益哀愍世間擁護一切有大
威力所求如願即說呪曰
怛 姪 他 醯里弭里地里莎訶
跋囉鉗魔布囇 跋囉鉗 末 涅
跋囉鉗麼 揭 鞞 補澀跛僧悉怛囇莎訶
世尊我此神呪名曰梵治悉能擁護持是呪
者令離憂惱及諸罪業乃至枉死悉皆遠離
尒時帝釋天主即從座起合掌恭敬白佛言
[illegible]

拔苦與樂利益人天即說呪曰

怛姪他 毗你婆喇你 畔拖 磨彈 喋

磨膩你 撽撽瞿哩 健陁哩 旃荼哩

摩登耆 上 卜羯死 薩羅跋喇 鞞 去

呬娜末住荅麼嗢多喇你 莫呼剌你達剌 你 計

斫羯囉 婆 枳 捨伐哩奢伐哩莎訶

爾時多聞天王持國天王增長天王廣目天

王俱從座起合掌恭敬白佛言世尊我今亦

有神呪名施一切衆生無畏於諸苦惱常為

擁護令得安樂增益壽命無諸患苦乃至枉

死悉皆遠離即說呪曰

怛姪他補澀閉 藕 補 澀 閉

度麼鉢喇 呵囉 阿離耶鉢喇 設悉帝

扇帝涅 自 帝 忙揭例窒 覩帝

悉吻鼻 帝 莎訶

羯吟鼻　帝　莎訶
尒時復有諸大龍王所謂末那斯龍王電光
龍王無熱池龍王電舌龍王妙光龍王俱從
座起合掌恭敬白佛言世尊我亦有如意寶
珠陁羅尼能遮惡電除諸恐怖能於人天爲
大利益哀愍世間擁護一切有大威力所求
如願乃至枉死悉皆遠離一切毒藥皆令止
息一切造作蠱道呪術不吉祥事悉令除滅
我今以此神呪奉獻世尊唯願哀愍慈悲納
受當令我等離此龍趣永捨慳貪何以故由
此慳貪於生死中受諸苦惱我等願斷慳貪
種子即說呪曰
怛姪他　阿折囇　阿末囇　阿蜜嘌帝
惡叉裊　阿弊裊　奔尼鉢唎耶　法帝
薩婆　波跛　鉢唎苫摩尼裊　莎訶

明呪或書經卷受持讀誦恭敬供養者終無
雷電霹靂及諸恐怖苦惱憂患乃至枉死悉
皆遠離所有毒藥蠱魅厭禱害至虎狼師
子毒虵之類乃至蚊虻悉不為害
尒時世尊普告大衆善哉善哉此等神呪皆
有大力能隨衆生心所求事悉令圓滿為大
利益除不至心汝等勿疑時諸大衆聞佛語
已歡喜信受

金光明最勝王經大辯才天女品第十五

尒時大辯才天女於大衆中即從座起頂礼
佛足白佛言世尊若有法師說是金光明最
勝王經者我當益其智慧具足莊嚴言說之
辯若彼法師於此經中文字句義所有忘失
皆令憶持能善開悟復與陁羅尼總持无礙
又此金光明最勝王經為彼有情已於百千佛

皆令憶持能善開悟復與陁羅尼揔持无礙
又此金光明最勝王經為彼有情已於百千佛
佛所種諸善根當受持者於贍部洲廣行流
布不速隱沒復令無量有情聞是經典皆得
不可思議捷利辯才無盡大慧善解衆論及
諸技術能出生死速趣無上正等菩提於現
世中增益壽命資身之具悉令圓滿世尊我
當為彼持經法師及餘有情於此經典樂聽聞
者說其呪藥洗浴之法彼人所有惡星災
變與初生時星屬相違疫病之苦鬪諍戰陣
惡夢鬼神蠱毒厭魅呪術起屍如是諸惡為
障難者悉令除滅諸有智者應作如是洗浴
之法當取香藥三十二味所謂
昌蒲 跋者　牛黃 瞿盧折娜　苜蓿香 塞畢力迦
麝香 莫訶婆伽　雄黃 末捺眵羅　合昏樹 尸利灑
因達囉　闍莫　苫弭

杜所費得迦　杜　阿　哆
沉香惡揭嚕　旃檀旃檀娜　零淩多揭羅
丁子索瞿者　鬱金荼矩麼　婆律膏曷羅娑
華香捺剌柂　竹黃鵁路戰娜　細豆蔲蘇泣迷羅
甘松苦弭哆　藿香鉢怛羅　茅根香嗢尸羅
叱脂薩洛計　艾納世黎也　安息香寠具攞
芥子薩利殺跛　馬芹葉婆儞　龍花鬚那伽雞薩羅
白膠薩折婆羅　青木矩瑟佗　皆等分
以布灑星日一處擣篩取其香末當以此呪
呪一百八遍呪曰
怛姪他　蘇訖栗帝　訖栗帝訖栗　計
劫摩怛里　繕怒羯囒　滯
郝羯喇滯　因達囉闍　利膩
鑠羯囒滯　鉢設姪　囇
阿伐底羯細　計娜矩　覩矩覩
脾迦鼻囇　劫鼻囇　劫鼻囇

阿伐底羊絲　訶娑矢者知者
脚迦鼻囉　劫鼻囉劫鼻囉
劫毗羅末底丁里　尸羅末底
删底度囉末底里　波伐雞畔稚囉
室囉　室　囉　薩底恚體鞞莎訶
若樂如法洗浴時　應作壇場方八肘
可於寂靜安隱處　念所求事不離心
應塗牛糞作其壇　於上普散諸花彩
當以淨潔金銀器　盛滿美味并乳蜜
於彼壇場四門所　四人守護法如常
令四童子好嚴身　各於一角持瓶水
於此常燒安息香　五音之樂聲不絶
幡蓋莊嚴懸繒綵　安在壇場之四邊
復於場內置明鏡　利刀兼箭各四枚
於壇中心埋大盆　應以漏版安其上

結界呪曰
怛姪他 頞喇計 娜世泥去 呬麗
弭麗 衹麗 企企麗 莎訶
如是結界已 方入於壇內 呪水三七遍 散灑於四方
次可呪香湯 滿一百八遍 四邊安幔障 然後洗浴身
呪水呪湯呪曰
怛姪他一 索揭智貞勵反下同二 揭智三
毗揭荼伐底四 莎訶五
若洗浴訖 其洗浴湯及壇場中供養飲食棄
河池內 餘皆收攝 如是浴已 方著淨衣 既出
壇場入淨室內 呪師教其發弘誓願 永斷衆
惡 常修諸善 於諸有情興大悲心 以是因緣
當獲無量隨心福報 復說頌曰
若有病苦諸衆生 種種方藥治不差

若有病苦諸衆生　種種方藥治不差
若依如是洗浴法　并復讀誦斯經典
常於日夜念不散　專想慇勤生信心
所有患苦盡消除　解脱貧窮足財寶
四方星辰及日月　威神擁護得延年
吉祥安隱福德增　災變厄難皆除遣
次誦護身呪三七遍呪曰
怛姪他　三謎　毗三謎　莎訶
索揭滯　毗揭滯　莎訶
毗揭荼(亭耶反)伐底　莎訶
娑揭囉　三步多也　莎訶
塞建陁　摩多也　莎訶
尼攞建陀也　莎訶
阿鉢囉市哆　毗喇耶也　莎訶
呬摩槃哆　三步多也　莎訶

南謨薄伽伐都 跋囉甜摩寫 莎訶
南謨薩囉酸（蘇活）底 莫訶提鼻裔 莎訶
悉甸覩漫（呰戌訛 我某甲） 曼怛囉鉢陁 莎訶
怛喇覩杜姪哆 跋囉甜摩奴末覩 莎訶
尒時大辯才天女說洗浴法壇場呪已前礼
佛足白佛言世尊若有苾芻苾芻尼鄔波索
迦鄔波斯迦受持讀誦書寫流布是妙經王
如說行者若在城邑聚落曠野山林僧尼住
處我為是人將諸眷屬作天伎樂來詣其
所而為擁護除諸病苦流星變恠疫疾鬪諍王
法所拘惡夢惡神為障礙者蠱道厭術悉皆
除殄饒益是等持經之人苾芻等眾及諸
聽者皆令速渡生死大海不退菩提
尒時世尊聞是說已讚辯才天女言善哉善
哉天女汝能安樂利益無量無邊有情說

尒時世尊聞是説已讚辯才天女言善哉善
哉天女汝能安樂利益無量無邊有情説此
神呪及以香水壇塲法式果報難思汝當擁
護最勝經王勿令隱没常得流通尒時大
辯才天女礼佛足已還復本座
尒時法師授記憍陳如婆羅門承佛威力於
大衆前讚辯才天女曰
聰明勇健辯才天　天人供養悉應受
名聞世間遍充滿　能與一切衆生願
依高山頂勝住處　葺茅為室在中居
恒結耎草以為衣　在處常翹於一足
諸天大衆皆来集　咸同一心申讚請
唯願智慧辯才天　以妙言詞施一切
尒時辯才天女即便受請為説呪曰

憍具師末喇只三末底　毗三末底惡近入喇
莫近喇怛囉只　怛囉者　伐　底
質質哩室里蜜里　末難地　曇去
末　喇　只　八囉箏畢喇曩
盧迦逝瑟跓丑世反　盧迦失囇瑟恥
盧迦畢喇曩　悉馱跌喇帝
毗麼目企輕利反　輸只析喇
阿鉢喇底羯帝　阿鉢底唱哆勃地
南毋只南毋只　莫訶提鼻
鉢喇底近入喇昏火恨反箏上　南摩塞　迦囉
我其甲勃地　達哩奢呬
勃地阿鉢喇底唱哆　婆上　跌　覩
市婆誐毗輸婭覩　舍悉怛囉輸路迦
曷怛囉畢㨶迦　迦娌耶地鼓
怛　逕　也　莫訶鉢喇婆鼻

[illegible]
怛姪他 莫訶鉢喇婆鼻
呬里蜜里呬里蜜里 毗析喇覩謎勃地
我其甲勃地輸提 薄伽伐點提 毗餤
薩羅酸蘇活 點丁焔引 羯囉魯家 滯雞由𡅖
雞由囉末底 呬里蜜里呬里蜜里
阿婆訶耶珂 莫訶提鼻
勃陁薩帝娜 達摩薩帝娜
僧伽薩帝娜 因達囉薩帝娜
跋嘍拏薩帝娜 裹盧雞薩底婆地娜
鞋劍薩帝娜 薩底伐者泥娜
阿婆訶耶珂 莫訶提鼻
呬里蜜里呬里蜜里 毗析喇覩
我其甲勃地 南謨薄伽伐底丁刹
莫訶提鼻薩囉酸底 悉 甸 覩

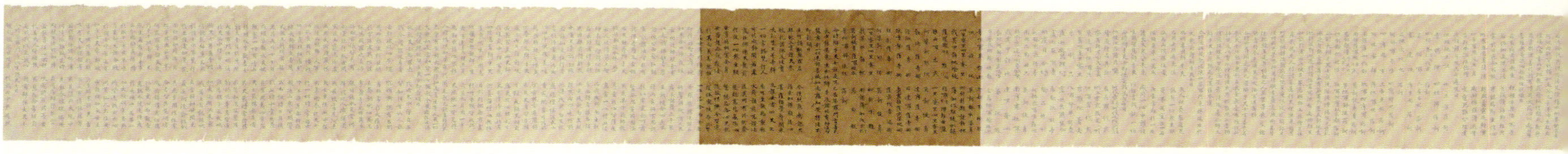

大士能為衆生求妙辯才及諸珍寶神通智
慧廣利一切速證菩提如是應知受持法式
即說頌曰
先可誦此陁羅尼　令使純熟無謬失
歸敬三寶諸天衆　請求加護願隨心
敬礼諸佛及法寶　菩薩獨覺聲聞衆
次礼梵王并帝釋　及護世者四天王
一切常修梵行人　悉可至誠慇重敬
可於寂靜蘭若處　大聲誦前呪讚法
應在佛像天龍前　隨其所有修供養
於彼一切衆生類　發起慈悲哀愍心
世尊妙相紫金身　繫想正念心无亂
世尊護念說教法　隨彼根機令習定
於其句義善思惟　復依空性而修習
應在世尊形像前　一心正念而安坐

於其句義善思惟　復依空性而修習
應在世尊形像前　一心正念而安坐
即得妙智三摩地　并獲最勝陁羅尼
如來金口演說法　妙響調伏諸人天
舌相隨緣現希有　廣長能覆三千界
如是諸佛妙音聲　至誠憶念心無畏
諸佛皆由發弘願　得此舌相不思議
宣說諸法皆非有　譬如虛空無所著
諸佛音聲及舌相　繫念思量願圓滿
若見供養辯才天　或見弟子隨師教
授此秘法令修學　尊重隨心皆得成
若人欲得最上智　應當一心持此法
增長福智諸功德　必定成就勿生疑
若求財者得多財　求名稱者獲名稱

若能如是依行者　必得成就勿生疑
當於淨處著淨衣　應作壇場隨大小
以四淨瓶成美味　香花供養可隨時
懸諸繒綵并幡蓋　塗香林香遍嚴飾
供養佛及辯才天　求見天身皆遂願
應三七日誦前呪　可對大辯天神前
若其不見此天神　應更用心經九日
於後夜中猶不見　更求清淨勝妙處
如法應畫辯才天　供養誦持心無捨
晝夜不生於懈怠　自利利他無窮盡
所獲果報施群生　於所求願皆成就
若不遂意經三月　六月九月或一年
慇勤求請心不移　天眼他心皆悉得
尒時憍陳如婆羅門聞是說已歡喜踊躍歎
未曾有告諸大衆作如是言汝等人天一切

未曾有告諸大衆作如是言汝等人天一切
大衆如是當知皆一心聽我今更欲依世諦
法讚彼勝妙辯才天女即說頌曰
敬礼天女那羅延　於世界中得自在
我今讚歎彼尊者　皆如往昔仙人說
吉祥成就心安隱　聰明慚愧有名聞
爲母能生於世間　勇猛常行大精進
於軍陣處戰恒勝　長養調伏心慈忍
現爲閻羅之長姊　常著青色野蠶衣
好醜容儀皆具有　眼目能令見者怖
無量勝行超世間　歸信之人咸攝受
或在山巖深險處　或居坎窟及河邊
或在大樹諸叢林　天女多依此中住
假使山林野人輩　亦常供養於天女

振大鈴鐸出音聲　頻陁山衆皆聞響
或執三戟頭圓髻　左右恒持日月旗
黑月九日十一日　於此時中當供養
或現婆藪大天妹　見有鬪戰心常慜
觀察一切有情中　天女最勝無過者
權現牧牛歡喜女　與天戰時常得勝
能久安住於世間　亦為和忍及暴惡
大婆羅門四明法　幻化呪等悉皆通
於天仙中得自在　能為種子及大地
諸天女等集會時　如大海潮必來應
於諸龍神藥叉衆　咸為上首能調伏
於諸女中最梵行　出言猶如世間主
於王住處如蓮花　若在河津喻橋栰
面貌猶如盛滿月　具足多聞作依處
辯才勝出若高峯　念者皆與為洲渚

辯才勝出若高峯　念者皆與爲洲渚
阿蘇羅等諸天衆　咸共稱讚其功德
乃至千眼帝釋王　以慇重心而觀察
衆生若有希求事　悉能令彼速得成
亦令聰辯具聞持　於大地中爲第一
於此十方世界中　如大燈明常普照
乃至神鬼諸禽獸　咸皆遂彼所求心
於諸女中若山峯　同昔仙人久住世
如少女天常離欲　實語猶如大世主
普見世間差別類　乃至欲界諸天宫
唯有天女獨稱尊　不見有情能勝者
若於戰陣恐怖處　或見墮在火坑中
河津險難賊盜時　悉能令彼除怖畏
或被王法所枷縛　或爲怨讎行殺害
若能專注心不移　決定解脫諸憂苦

尒時婆羅門復以呪讚天女曰
敬礼敬礼世間尊　於諸母中最為勝
三種世間咸供養　面貌容儀人樂觀
種種妙德以嚴身　目如脩廣青蓮葉
福智光明名稱滿　譬如無價末尼珠
我今讚歎最勝者　悉能成辦所求心
真實功德妙吉祥　譬如蓮花極清淨
身色端嚴皆樂見　衆相希有不思議
能放無垢智光明　於諸念中為最勝
猶如師子獸中上　常以八臂自莊嚴
各持弓箭刀矟斧　長杵鐵輪并羂索
端正樂觀如滿月　言詞無滯出和音
若有衆生心願求　善士隨念令圓滿
帝釋諸天咸供養　皆共稱讚可歸依
衆德能生不思議　一切時中起恭敬

衆德能生不思議　一切時中起恭敬

莎訶　此上呪頌是呪亦是讚　若持呪時必須誦之

若欲祈請辯才天　依此呪讚言詞句

晨朝清淨至誠誦　於所求事悉隨心

尒時佛告婆羅門善哉善哉汝能是利

益衆生施與安樂讚彼天女請求加護福

無邊

此品呪法有略有廣或開或合前後不同梵

本既多但依一譯後勘者知之

金光明經卷第七

頞多可 濕色立 𪏭麦庚 薩力微 顆栗俞 謎迷計 攞羅可 葺侵入

作合 叱瞋失 杞欺已

BD00176 金光明最勝王經卷一〇

（唐）義净 譯

BD00176v 便物歷（擬）

478.9cm × 26.5cm

……曰
……遊賞
宎尼事
……子何在第
二大臣慞忪帝泣喉舌乾燥口不能言竟無
所答夫人問曰
速報小子今何在　我身熱惱遍燒然
悶亂荒迷失本心　勿使我胷今破裂
時第二臣即以王子捨身之事具白王知王
及夫人聞其事已不勝悲噎望捨身處驟駕
前行詣竹林所至彼菩薩捨身之地見其骸
骨隨處交橫俱時投地悶絕將死猶如猛風
吹倒大樹心迷失緒都無所知時大臣等以
[illegible]

禍哉愛子端嚴相　因何死苦先來逼
若我得在汝前亡　豈見如斯大苦事
尒時夫人迷悶稍止頭髮蓬亂兩手推胷宛
轉于地如魚處陸若牛失子悲泣而言
我子誰屠割　餘骨散于地　失我所愛子　憂悲不自勝
苦哉誰殺子　致斯憂惱事　我心非金剛　云何而不破
我夢中所見　兩乳皆被割　牙齒悉墮落　今遭大苦痛
又夢三鴿鶵　一被鷹擒去　今失所愛子　惡相表非虛
尒時大王及於夫人并二王子盡哀號哭瓔
珞不御與諸人衆共收菩薩遺身舍利為於
供養置窣覩波中阿難陀汝等應知此即是
彼菩薩舍利復告阿難陀我於昔時雖具煩
惱貪瞋癡等能於地獄餓鬼傍生五趣之中

惱貪瞋癡等能於地獄餓鬼傍生五趣之中
隨緣救濟令得出離何況今時煩惱覩盡无
復餘習号天人師具一切智而不能為一一
衆生經於多劫在地獄中及於餘處代受衆
苦令出生死煩惱輪迴尒時世尊欲重宣此
義而說頌言
我念過去世　無量無數劫　或時作國王　或復為王子
常行於大施　及捨所愛身　願出離生死　至妙菩提處
昔時有大國　國主名大車　王子名勇猛　常施心無悋
王子有二兄　号大渠大天　三人同出遊　漸至山林所
見虎飢所逼　便生如是心　此虎飢火燒　更無餘可食
大士覩如斯　恐其將食子　捨身無所顧　救子不令傷
大地及諸山　一時皆震動　江海皆騰躍　驚波水逆流

兄弟共籌議　復往深山處　四顧无所有　見虎處空林
其母并七子　口皆有血汙　殘骨并餘髮　縱橫在地中
復見有流血　散在竹林所　二兄既見已　心生大恐怖
悶絶俱投地　荒迷不覺知　塵土坌其身　六情皆失念
王子諸侍從　啼泣心憂惱　以水灑令蘇　舉手號咷哭
菩薩捨身時　慈母在宮內　五百諸婇女　共受於妙樂
夫人之兩乳　忽然自流出　遍體如針刺　苦痛不能安
欻生失子想　憂箭苦傷心　即白大王知　陳斯苦惱事
悲泣不堪忍　哀聲向王說　大王今當知　我生大苦惱
兩乳忽流出　禁止不隨心　如針遍刺身　煩冤胷欲破
我先夢惡徵　必當失愛子　願王濟我命　知見存亡
夢見三鴿鶵　小者是愛子　忽被鷹奪去　悲愁難具陳
我今沒憂海　趣死將不久　恐子命不全　願為速求覓

我今沒憂海　趣死將不久　恐子命不全　願為速求覓
又聞外人語　小子求不得　我今意不安　願王哀愍我
夫人白王已　舉身而躃地　悲痛心悶絕　荒迷不覺知
婇女見夫人　悶絕在於地　舉聲皆大哭　憂惶失所依
王聞如是語　懷憂不自勝　因命諸群臣　尋求所愛子
皆共出城外　隨處而追覓　涕泣問諸人　王子今何在
今者為存亡　誰知所去處　云何令得見　適我憂惱心
諸人悉共傳　咸言王子死　聞者皆傷悼　悲歎苦難哉
爾時大車王　悲噎從座起　即就夫人處　以水灑其身
夫人蒙水灑　久乃得醒悟　悲啼以問王　我兒今在不
王告夫人曰　我已使諸人　四向求王子　尚未有消息
王又告夫人　汝莫生煩惱　且當自安慰　可共出追尋
王即與夫人　嚴駕而前進　號動聲悽感　憂心若火然

遍體蒙塵土　悲哭逹前來　王見是惡相　倍復生憂惱
王便舉兩手　哀號不自裁　初有一大臣　忩忙至王所
進白大王曰　幸願勿悲哀　王之所愛子　今雖求未獲
不久當來至　以釋大王憂　王復更前行　見次大臣至
其臣詣王所　流淚白王言　二子今現存　被憂火所逼
其第三王子　已被無常吞　見餓虎初生　將欲食其子
彼薩埵王子　見此起悲心　願求無上道　當度一切衆
繫想妙菩提　廣大深如海　即上高山頂　投身餓虎前
虎羸不能食　以竹自傷頸　遂噉王子身　唯有餘骸骨
時王及夫人　聞已俱悶絶　心没於憂海　煩惱火燒然
臣以栴檀水　灑王及夫人　俱起大悲號　舉手椎胸臆
第三大臣來　白王如是語　我見二王子　悶絶在林中
臣以冷水灑　尒乃蹔蘇息　顧視於四方　如猛火周遍

BD00176　金光明最勝王經卷一〇

臣以冷水灑　尒乃蹔蘇息　顧視於四方　如猛火周遍
蹔起而還伏　悲號不自勝　舉手以哀言　稱歎弟希有
王聞如是說　倍增憂火煎　夫人大驚怖　高聲作是語
我之小子偏重愛　已爲无常羅剎吞
餘有二子今現存　復被憂火所燒逼
我今速可之山下　安慰令其保餘命
即便馳駕望前路　一心詣彼捨身崖
路逢二子行啼泣　搥胷懊惱失容儀
父母見已抱憂悲　俱往山林捨身處
既至菩薩捨身地　共聚悲號生大苦
脫去瓔珞盡哀心　收取菩薩身餘骨
与諸人衆同供養　共造七寶窣覩波
以彼舍利置函中　整駕懷憂趣城邑

虎是大世主　五兒五苾芻　一是大目連　一是舍利子
我為汝等說　往昔利他緣　如是菩薩行　成佛因當學
菩薩捨身時　發如是弘誓　願我身餘骨　來世益衆生
此是捨身處　七寶窣覩波　以經无量時　遂沉於厚地
由昔本願力　隨緣興濟度　為利於人天　從地而涌出
尒時世尊說是往昔因緣之時无量阿僧企
耶人天大衆皆大悲喜歎未曾有悉發阿耨
多羅三藐三菩提心復告樹神我為報恩故
致禮敬佛攝神力其窣覩波還沒于地
金光明最勝王經十方菩薩讚歎品第廿七
尒時釋迦牟尼如來說是經時於十方世界
有无量百千万億諸菩薩衆各從本土詣
鷲峯山至世尊所五輪著地禮世尊已一心

鷲峯山至世尊所五輪著地礼世尊已一心
合掌異口同音而讚歎曰
佛身微妙真金色　其光普照等金山
清淨殊特若蓮花　无量妙彩而嚴飾
三十二相遍莊嚴　八十種好皆圓備
光明炳著无與等　離垢猶如淨滿月
其聲清徹甚微妙　如師子吼震雷音
八種微妙應群機　超勝迦陵頻伽等
百福妙相以嚴容　光明具足淨无垢
智慧明燈如大海　功德廣大若虛空
圓光遍滿十方界　隨緣普濟諸有情
煩惱愛染習皆除　法炬恒然不休息
哀愍利益諸衆生　現在未來能与樂

[illegible]

引入甘露涅槃城　令受甘露无為樂

常於生死大海中　解脫一切衆生苦

令彼能住安隱路　恒与難思如意樂

如來德海甚深廣　非諸譬喻所能知

於衆常起大悲心　方便精勤恒不息

如來智海无邊際　一切人天共測量

假使千万億劫中　不能得知其少分

我今略讚佛功德　於德海中唯一渧

迴斯福聚施群生　皆願速證菩提果

尒時世尊告諸菩薩言善哉善哉汝等善能

如是讚佛功德利益有情廣興佛事能滅諸

罪生無量福

金光明最勝王經妙幢菩薩讚歎品第廿六

尒時妙幢菩薩即從座起偏袒右肩右膝著

尒時妙幢菩薩即從座起偏袒右肩右膝著
地合掌向佛而説讚曰

牟尼百福相圓滿　無量功德以嚴身
廣大清淨人樂觀　猶如千日光明照
燄彩无邊光熾盛　如妙寶聚相端嚴
如日初出映虛空　紅白分明間金色
亦如金山光普照　悉能周遍百千土
能滅衆生无量苦　皆与无邊勝妙樂
諸相具足悉嚴淨　衆生樂觀无猒足
頭髮柔耎紺青色　猶如黑蜂集妙花
大喜大捨淨莊嚴　大慈大悲皆具足
衆妙相好為嚴飾　菩提分法之所成
如來能施衆福利　令彼常蒙大安樂

佛如須弥功德具　亦現能周於十方
如來金口妙端嚴　齒白齊密如珂雪
如來面貌無倫匹　眉間毫相常右旋
光潤鮮白等頗梨　猶如滿月居空界
佛告妙幢菩薩汝能如是讚佛功德不可思
議利益一切令未知者隨順修學
金光明最勝王經菩提樹神讚歎品第廿九
尒時菩提樹神亦以伽他讚世尊曰
敬礼如來清淨慧　敬礼常求正法慧
敬礼能離非法慧　敬礼恒無分別慧
希有世尊無邊行　希有難見比優曇
希有如海鎮山王　希有善逝光无量
希有調御知慈願　希有釋種明逾日

希有[illegible][illegible]鎮山王　希有[illegible][illegible][illegible][illegible][illegible]
希有調御和慈顔　希有釋種明逾日
能說如是經中寶　哀愍利益諸群生
牟尼寂靜諸根定　能入寂靜涅槃城
能住寂靜等持門　能知寂靜深境界
兩足中尊住空寂　聲聞弟子身亦空
一切法體性皆无　一切衆生悲空寂
我常憶念於諸佛　我常樂見諸世尊
我常發起慇重心　常得值遇如來日
我常頂礼於世尊　願常渴仰心不捨
悲泣流淚情无間　常得奉事不知厭
唯願世尊起悲心　和顔常得令我見
佛及聲聞衆清淨　願常普濟於人天
佛身本淨若虛空　亦如幻燄及水月
[illegible]

聲聞獨覺非所量　大仙菩薩不能測
唯願如來哀愍我　常令覩見大悲身
三業無倦奉慈尊　速出生死歸真際
尒時世尊聞是讚已以梵音聲告樹神曰善
哉善哉善女天汝能於我真實无妄清淨法
身自利利他宣揚妙相以此功德令汝速證
最上菩提一切有情同所修習若得聞者皆
入甘露無生法門
金光明最勝王經大辯才天女讚歎品第卅
尒時大辯才天女即從座起合掌恭敬以直
言詞讚世尊曰
南謨釋迦牟尼如來應正等覺身真金色咽
如螺貝面如滿月目類青蓮脣口赤好如頗

如螺貝面如滿月目類青蓮脣口赤好如頻
梨色鼻高脩直如截金鋌齒白齊密如枸物
頭花身光普照如百千日光彩映徹如贍部
金所有言詞皆无謬失亦三解脫門開三菩
提路心常清淨意樂亦然佛所住處及所行
境亦常清淨離非威儀進止无謬六年苦行
三轉法輪度苦衆生令歸彼岸身相圓滿如
枸陁樹六度薰脩三業無失具一切智自他
利滿所有宣說常為衆生言不虛設於釋種
中為大師子堅固勇猛具八解脫我今隨力
稱讚如來少分功德猶如蚊子飲大海水願
以此福廣及有情永離生死成無上道
尒時世尊告大辯天曰善哉善哉汝久修習

金光明最勝王經付囑品第卅一
尒時世尊普告無量菩薩及諸人天一切大
衆汝等當知我於无量无數大劫勤修苦行
獲甚深法菩提正因已為汝說汝等誰能發
勇猛心恭敬守護我涅槃後於此法門廣宣
流布能令正法久住世間尒時衆中有六十
俱胝諸大菩薩六十俱胝諸天大衆異口同
音作如是語世尊我等咸有欣樂之心於佛
世尊无量大劫勤修苦行所獲甚深微妙之
法菩提正因恭敬護持不惜身命佛涅槃後
於此法門廣宣流布當令正法久住世間尒
時諸大菩薩即於佛前說伽他曰
世尊真實語　安住於實法　由彼真實故　護持於此經

BD00176　金光明最勝王經卷一○

世尊真實語　安住於實法　由彼真實故　護持於此經
大悲為甲胄　安住於大慈　由彼慈悲力　護持於此經
福資糧圓滿　生起智資糧　由資糧滿故　護持於此經
降伏一切魔　破滅諸邪論　斷除惡見故　護持於此經
護世并釋梵　乃至阿蘇羅　龍神藥叉等　護持於此經
地上及虛空　久住於斯者　奉持佛教故　護持於此經
四梵住相應　四聖諦嚴飾　降伏四魔故　護持於此經
虛空成質礙　質礙成虛空　諸佛所護持　无能傾動者
尒時四大天王聞佛說此護持妙法各生隨
喜護正法心一時同聲說伽他曰
我今於此經　及男女眷屬　皆一心擁護　令得廣流通
若有持經者　能作菩提因　我常於四方　擁護而承事
尒時天帝釋合掌恭敬說伽他曰

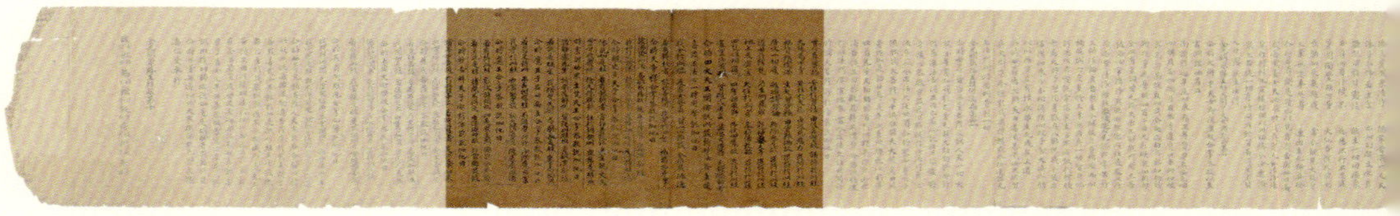

尒時覩史多天子合掌恭敬說伽他曰
佛說如是經　若有能持者　當住菩提位　來生覩史天
世尊我慶悅　捨天殊勝報　住於贍部洲　宣揚是經典
時索訶世界主梵天王合掌恭敬說伽他曰
諸靜慮无量　諸乘及解脫　皆從此經出　是故演斯經
若說是經處　我捨梵天樂　為聽如是經　亦常為擁護
尒時魔王子名曰商主合掌恭敬說伽他曰
若有受持此　正義相應經　不隨魔所行　淨除魔惡業
我等於此經　亦當勤守護　發大精進意　隨處廣流通
尒時魔王合掌恭敬說伽他曰
若有持此經　能伏諸煩惱　如是衆生類　擁護令安樂
若有說是經　諸魔不得便　由佛威神故　我當擁護彼
尒時妙吉祥天子亦於佛前說伽他曰
諸佛妙菩提　於此經中說　若持此經者　是共養如來

尒時妙吉祥天子亦於佛前説伽他曰

諸佛妙菩提　於此經中説　若持此經者　是供養如來

我當持此經　爲俱胝天説　恭敬聽聞者　勸至菩提處

尒時慈氏菩薩合掌恭敬説伽他曰

若見住菩提　与爲不請友　乃至捨身命　爲護此經王

我聞如是法　當往覩史天　由世尊加護　廣爲人天説

尒時上坐大迦攝波合掌恭敬説伽他曰

佛於聲聞乘　説我妙智慧　我今隨自力　護持如是經

若有持此經　我當攝受彼　受其詞辯力　常隨讚善哉

尒時具壽阿難陁合掌向佛説伽他曰

我親從佛聞　无量衆經典　未曾聞如是　深妙法中王

我今聞是經　親於佛前受　諸樂菩提者　當爲廣宣通

尒時世尊見諸菩薩人天大衆各各發心於

此經典流通擁護勸進[illegible]

布乃至於我般涅槃後不令散滅即是无上
菩提正因所獲功德於恒沙劫說不能盡若
有苾芻苾芻尼鄔波索迦鄔波斯迦及餘善
男子善女人等供養恭敬書寫流通為人解
說所獲功德亦復如是是故汝等應勤修習
尒時無量無邊恒沙大衆聞佛說已皆大歡
喜信受奉行

金光明最勝王經卷第十

䫂去冽 舤胡郎 鵄仕于 揄丘令 鋌庭頂 瘠情昔 捫胡本 鯁庚杏

BD00176　金光明最勝王經卷一〇

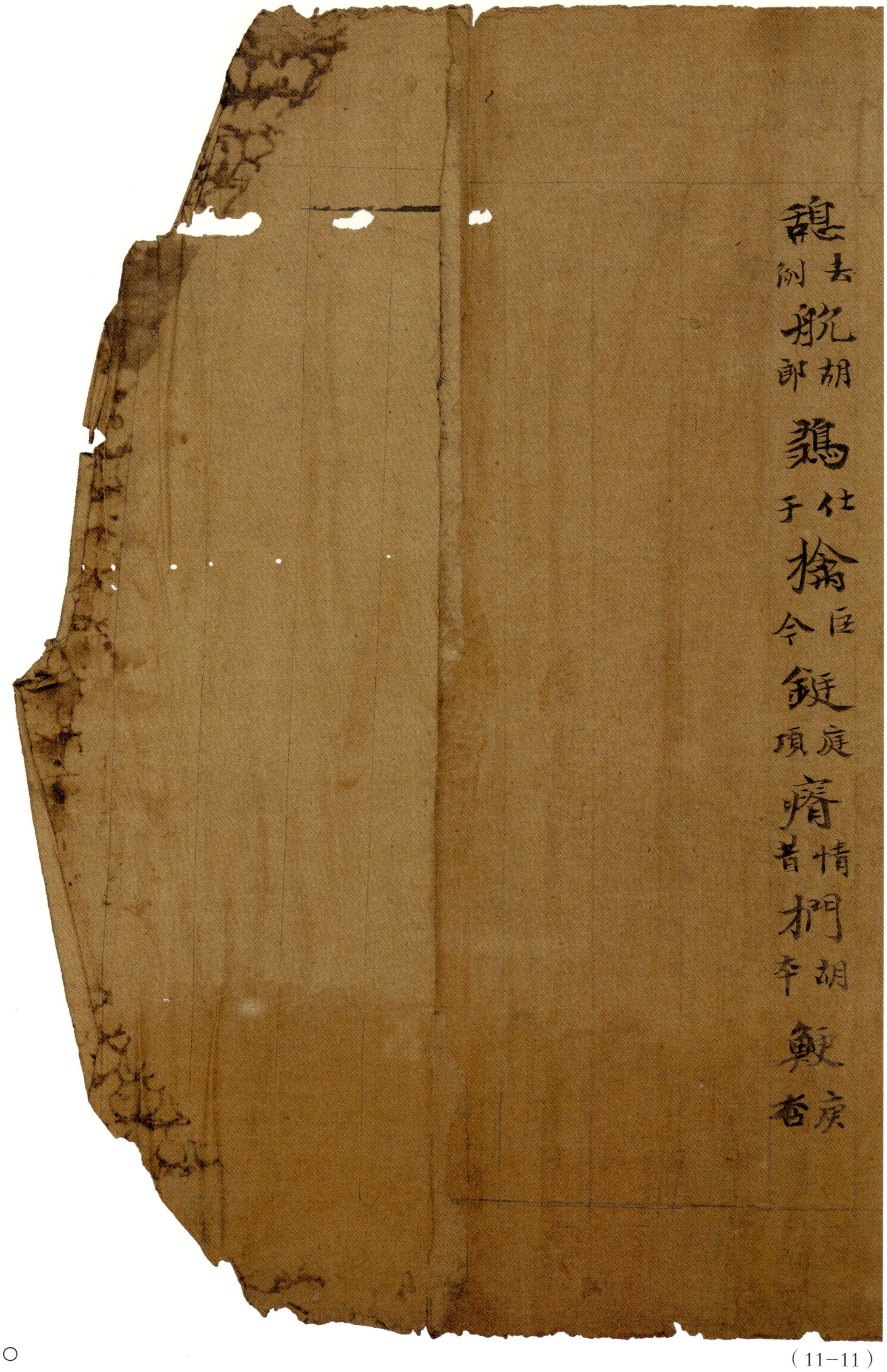
去例
航 胡郎
仕于
臣今
鋌 庭頂
瘠 情昔
胡本
鯁 庚杏

BD00176v　便物歷（擬）

BD00177 大般若波羅蜜多經卷六〇

（唐）玄奘 譯

90.7cm × 24.9cm

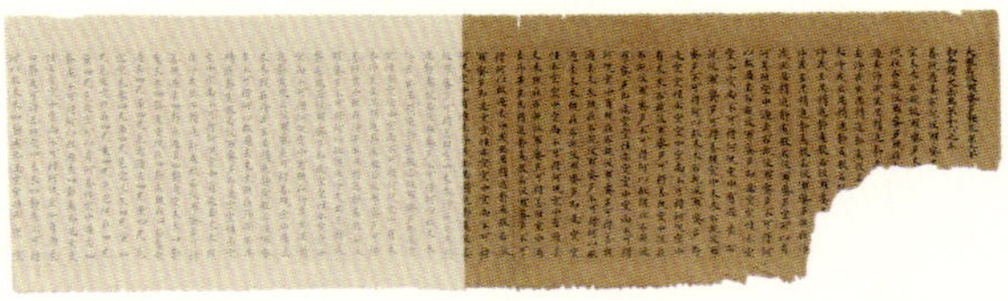

大般若波羅蜜多經卷第六十
初分讚大乘品第十六之五
善現過去布施波羅蜜
空未來布施波羅蜜多未
現在布施波羅蜜多現在
過去淨戒安忍精進靜
去淨戒安忍精進靜慮般若
來淨戒安忍精進靜慮般若
淨戒安忍精進靜慮般若波羅蜜
淨戒安忍精進靜慮般若波羅蜜多現在淨
戒安忍精進靜慮般若波羅蜜多空所以者
何善現空中過去布施波羅蜜多不可得何

施波羅蜜多可得善現空中未來布施波羅
蜜多不可得何以故未來布施波羅蜜多即
是空空性亦空空中空尚不可得何況空中
有未來布施波羅蜜多可得善現空中現在
布施波羅蜜多不可得何以故現在布施波
羅蜜多即是空空性亦空空中空尚不可得
何況空中有現在布施波羅蜜多可得善現
過去未來現在布施波羅蜜多不可得何以故
過去未來現在布施波羅蜜多即是空空
性亦空空中空尚不可得何況空中有過去
未來現在布施波羅蜜多可得善現空中過
去淨戒安忍精進靜慮般若波羅蜜多不可
得何以故過去淨戒安忍精進靜慮般若波
羅蜜多即是空空性亦空空中空尚不可得
何況空中有過去淨戒安忍精進靜慮般若

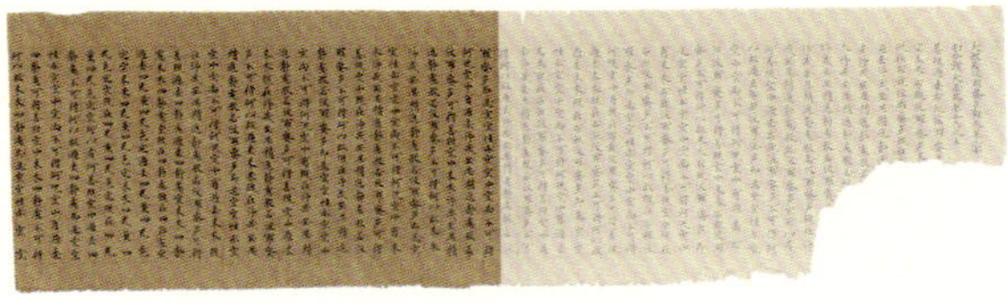

羅蜜多即是空空性亦空空中空尚不可得
何况空中有過去淨戒安忍精進靜慮般若
波羅蜜多可得善現空中未來淨戒安忍精
進靜慮般若波羅蜜多不可得何以故未來
淨戒安忍精進靜慮般若波羅蜜多即是空
空性亦空空中空尚不可得何况空中有未
來淨戒安忍精進靜慮般若波羅蜜多可得
善現空中現在淨戒安忍精進靜慮般若波
羅蜜多不可得何以故現在淨戒安忍精進
靜慮般若波羅蜜多即是空空性亦空空中
空尚不可得何况空中有現在淨戒安忍精
進靜慮般若波羅蜜多可得善現空中過去
未來現在淨戒安忍精進靜慮般若波羅蜜
多不可得何以故過去未來現在淨戒安忍
[illegible]

在淨戒安忍精進靜慮般若波羅蜜多可得
善現過去四靜慮過去四靜慮空未來四靜
慮未來四靜慮空現在四靜慮現在四靜慮空
過去四无量四无色定過去四无量四无色
定空未來四无量四无色定未來四无量四
无色定空現在四无量四无色定現在四无
量四无色定空所以者何善現空中過去四
靜慮不可得何以故過去四靜慮即是空空
性亦空空中空尚不可得何況空中有過去
四靜慮可得善現空中未來四靜慮不可得
何以故未來四靜慮即是空空性亦空空

BD00178 金剛般若波羅蜜經

（後秦）鳩摩羅什 譯

BD00178v 雜寫

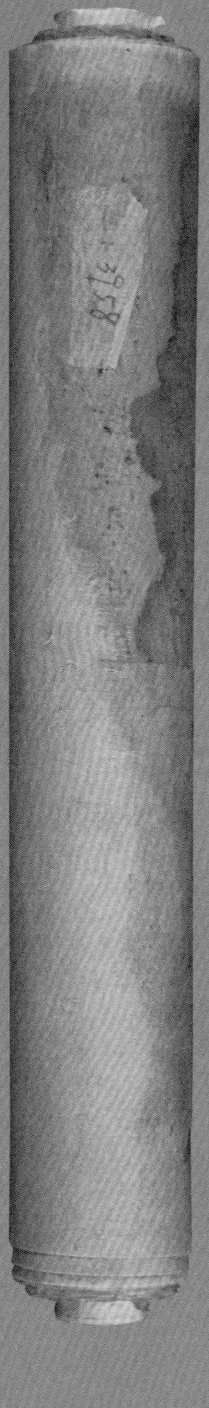

389cm × 25.4cm

須菩提是

行而名須菩提是樂阿

佛告須菩提於意云何如来昔在然燈佛所

有所得不世尊如来在然燈佛所於法實无所得

須菩提於意云何菩薩莊嚴佛土

尊何[illegible]佛土者則非莊嚴

是故須菩提諸菩薩摩訶薩

淨心不應住色生心不應住

心應无所住而生其心須菩提

如須弥山王於意云何是身為

言甚大世尊何以故佛說非身是

須菩提如恒河中所有沙數如是

於意 諸恒河沙寧為多不須菩提言

世尊但諸恒河

七寶滿尒所恒河沙數三千大千世界以用
布施得福多不須菩提言甚多世尊佛告須
菩提若善男子善女人於此經中乃至受持
四句偈等為他人說而此福德勝前福德
復次須菩提隨說是經乃至四句偈等當知
此處一切世間天人阿脩羅皆應供養如佛
塔廟何況有人盡能受持讀誦須菩提當知
是人成就最上第一希有之法若是經典所
在之處則為有佛若尊重弟子
尒時須菩提白佛言世尊當何名此經我等
云何奉持佛告須菩提是經名為金剛般若
波羅蜜以是名字汝當奉持所以者何須菩
提佛說般若波羅蜜則非般若波羅蜜須菩
提於意云何如來有所說法不須菩提白佛

提於意云何如来有所説法不須菩提白佛
言世尊如来无所説須菩提於意云何三千
大千世界所有微塵是為多不須菩提言甚
多世尊須菩提諸微塵如来説非微塵是名
微塵如来説世界非世界是名世界須菩提
於意云何可以三十二相見如来不不也世
尊不可以三十二相得見如来何以故如来
説三十二相即是非相是名三十二相
須菩提若有善男子善女人以恒河沙等身
命布施若復有人於此經中乃至受持四句
偈等為他人説其福甚多
尒時須菩提聞説是經深解義趣涕淚悲泣
而白佛言希有世尊佛説如是甚深經典我

知是人成就第一希有功德世尊是實相者
則是非相是故如來說名實相世尊我今得
聞如是經典信解受持不足為難若當來世後
五百歲其有衆生得聞是經信解受持是人
則為第一希有何以故此人无我相人相衆生相壽
者相所以者何我相即是非相人相衆生相壽
者相即是非相何以故離一切諸相則名諸佛
佛告須菩提如是如是若復有人得聞是經
不驚不怖不畏當知是人甚為希有何以故
須菩提如來說第一波羅蜜非第一波羅蜜
是名第一波羅蜜
須菩提忍辱波羅蜜如來說非忍辱波羅蜜
何以故須菩提如我昔為歌利王割截身體

BD00178　金剛般若波羅蜜經

何以故須菩提如我昔為歌利王割截身體
我於尒時无我相无人相无衆生相无壽者
相何以故我於往昔節節支解時若有我相
人相衆生相壽者相應生瞋恨須菩提又念
過去於五百世作忍辱仙人於尒所世无我
相无人相无衆生相无壽者相是故須菩提
菩薩應離一切相發阿耨多羅三藐三菩提
心不應住色生心不應住聲香味觸法生心
應生无所住心若心有住則為非住是故佛
說菩薩心不應住色布施須菩提菩薩為利
益一切衆生應如是布施如來說一切諸相
即是非相又說一切衆生則非衆生須菩提
如來是真語者實語者如語者不誑語者不

闇則无所見若菩薩心不住法而行布施如
人有目日光明照見種種色
須菩提當來之世若有善男子善女人能於
此經受持讀誦則為如來以佛智慧悉知是
人悉見是人皆得成就无量无邊功德
須菩提若有善男子善女人[illegible]日分以恒河
沙等身布施中日分復以恒[illegible]身布施
後日分亦以恒河沙等身布施如是无量百千万
億劫以身布施若復有人聞此經典信心不逆
其福勝彼何況書寫受持讀[illegible]解說
須菩提以要言之是經有不[illegible]不可稱
量无邊功德如來為發大乘者說為發最上
乘者說若有人能受持讀誦廣為人說如來
悉知是人悉見是人皆得成就不可量不可

BD00178　金剛般若波羅蜜經

悉知是人悉見是人皆得成就不可量不可
稱无有邊不可思議功德如是人等則為荷
擔如来阿耨多羅三藐三菩提何以故須菩
提若樂小法者著我見人見衆生見壽者見
則於此經不能聽受讀誦為人解說須菩提
在在處處若有此經一切世間天人阿脩羅
所應供養當知此處則為是塔皆應恭敬作
礼圍遶以諸華香而散其處
復次須菩提善男子善女人受持讀誦此經
若為人輕賤是人先世罪業應墮惡道以今
世人輕賤故先世罪業則為消滅當得阿耨
多羅三藐三菩提須菩提我念過去无量阿
僧祇劫於然燈佛前得值八百四千万億那

我所供養諸佛功德百分不及一千万億分
乃至筭數譬喻所不能及須菩提若善男子
善女人於後末世有受持讀誦此經所得功德
我若具說者或有人聞心則狂亂狐疑不信須菩
提當知是經義不可思議果報亦不可思議
尒時須菩提白佛言世尊善男子善女人發阿
耨多羅三藐三菩提心云何應住云何降
伏其心佛告須菩提善男子善女人發阿耨
多羅三藐三菩提者當生如是心我應滅度
一切衆生滅度一切衆生已而无有一衆生
實滅度者何以故若菩薩有我相人相衆生
相壽者相則非菩薩所以者何須菩提實无
有法發阿耨多羅三藐三菩提者

有法發阿耨多羅三藐三菩提者
須菩提於意云何如来於然燈佛所有法得
阿耨多羅三藐三菩提不不世世尊如我解
佛所說義佛於然燈佛所无有法得阿耨多
羅三藐三菩提佛言如是如是須菩提實无
有法如来得阿耨多羅三藐三菩提須菩提
若有法如来得阿耨多羅三藐三菩提者然
燈佛則不與我受記汝於来世當得作佛号釋
迦牟尼以實无有法得阿耨多羅三藐三菩
提是故然燈佛與我受記作是言汝於来世
當得作佛号釋迦牟尼何以故如来者即諸
法如義若有人言如來得阿耨多羅三藐三
菩提須菩提實无有法佛得阿耨多羅三藐

皆是佛法須菩提所言一切法者即非一切
法是故名一切法
須菩提譬如人身長大須菩提言世尊如来
説人身長大則為非大身是名大身
須菩提菩薩亦如是若作是言我當滅度无
量衆生則不名菩薩何以故須菩提實无有
法名為菩薩是故佛説一切法无我无人无
衆生无壽者須菩提若菩薩作是言我當莊
嚴佛土是不名菩薩何以故如来説莊嚴佛
土者即非莊嚴是名莊嚴須菩提若菩薩通
達无我法者如来説名真是菩薩
須菩提於意云何如来有肉眼不如是世尊
如来有肉眼須菩提於意云何如来有天眼

BD00178　金剛般若波羅蜜經

須菩提於意云何如來有肉眼不如是世尊
如來有肉眼須菩提於意云何如來有天眼
不如是世尊如來有天眼須菩提於意云何
如來有慧眼不如是世尊如來有慧眼須菩
提於意云何如來有法眼不如是世尊如來
有法眼須菩提於意云何如來有佛眼不如
是世尊如來有佛眼須菩提於意云何恒河
中所有沙佛說是沙不如是世尊如來說是
沙須菩提於意云何如一恒河中所有沙有
如是等恒河是諸恒河所有沙數佛世界
如是寧為多不甚多世尊佛告須菩提尒所
國土中所有衆生若干種心如來悉知何以故
如來說諸心皆為非心是名為心所以者何
須菩提過去心不可得現在心不可得未來

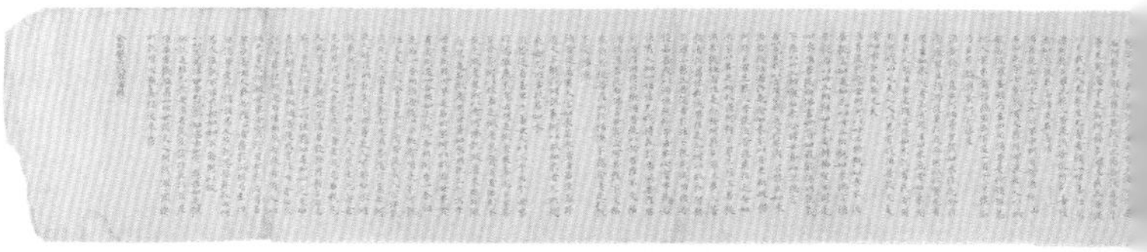

福多不如是世尊此人以是因緣得
須菩提若福德有實如来不說得
福德无故如来說得福德多
須菩提於意云何佛可以具足色身
也世尊如来不應以具足色身見何
說具足色身即非具足色身是
身須菩提於意云何如来可以具
不不也世尊如来不應以具足諸
故如来說諸相具足即非具足是名
須菩提汝勿謂如来作是念我當有
莫作是念何以故若人言如来有所說
為謗佛不能解我所說故須菩提說法者无
法可說是名說法

法可說是名說法
須菩提白佛言世尊佛得阿耨多羅三藐三
菩提為无所得耶如是如是須菩提我於阿
耨多羅三藐三菩提乃至无有少法可得是
名阿耨多羅三藐三菩提復次須菩提是法平
等无有高下是名阿耨多羅三藐三菩提
以无我无人无衆生无壽者脩一切善法則
得阿耨多羅三藐三菩提須菩提所言善法
者如来說非善法是名善法
須菩提若三千大千世界中所有諸須弥山
王如是等七寶聚有人持用布施若人以此
般若波羅蜜經乃至四句偈等受持讀誦為
他人說於前福德百分不及一百千万億分

當度衆生須菩提莫作是念何以故實无有
衆生如來度者若有衆生如來度者如來則
有我人衆生壽者須菩提如來說有我者則
非有我而凡夫之人以為有我須菩提凡夫
者如來說則非凡夫
須菩提於意云何可以卅二相觀如來不須
菩提言如是如是以卅二相觀如來佛言須
菩提若以卅二相觀如來者轉輪聖王則是
如來須菩提白佛言世尊如我解佛所說義
不應以卅二相觀如來尒時世尊而說偈言
若以色見我 以音聲求我 是人行邪道 不能見如來
須菩提汝若作是念如來不以具足相故得
阿耨多羅三藐三菩提須菩提莫作是念如
來不以具足相故得阿耨多羅三藐三菩提

BD00178　金剛般若波羅蜜經

阿耨多羅三藐三菩提湏菩提莫作是念如
來不以具足相故得阿耨多羅三藐三菩提
湏菩提汝若作是念發阿耨多羅三藐三菩
提者說諸法斷滅莫作是念何以故發阿耨
多羅三藐三菩提者於法不說斷滅相湏菩
提若菩薩以滿恒河沙等世界七寶布施若
復有人知一切法无我得成於忍此菩薩勝
前菩薩所得功德湏菩提以諸菩薩不受福
德故湏菩提白佛言世尊云何菩薩不受福
德湏菩提菩薩所作福德不應貪著是故說
不受福德
湏菩提若有人言如來若來若去若坐若卧
是人不解我所說義何以故如來者无所從
來亦无所去故名如來

多世尊何以故若是微塵衆實有者佛則不
說是微塵衆所以者何佛說微塵衆則非微
塵衆是名微塵衆世尊如來所說三千大千
世界則非世界是名世界何以故若世界實
有者則是一合相如來說一合相則非一合相
是名一合相須菩提一合相者則是不可說
但凡夫之人貪著其事須菩提若人言佛說
我見人見衆生見壽者見須菩提於意云何
是人解我所說義不世尊是人不解如來所
說義何以故世尊說我見人見衆生見壽者
見即非我見人見衆生見壽者見是名我見
人見衆生見壽者見須菩提發阿耨多羅三
藐三菩提心者於一切法應如是知如是見如
是信解不生法相須菩提所言法相者如來

是信解不生法相須菩提所言法相者如來
說即非法相是名法相須菩提若有人以
滿无量阿僧祇世界七寶持用布施若有善
男子善女人發菩薩心者持於此經乃至四
句偈等受持讀誦為人演說其福勝彼云何
為人演說不取於相如如不動何以故
一切有為法 如夢幻泡影 如露亦如電 應作如是觀
佛說是經已長老須菩提及諸比丘比丘尼
優婆塞優婆夷一切世間天人阿脩羅聞佛
所說皆大歡喜信受奉持

金剛般若波羅蜜經

BD00178　金剛般若波羅蜜經

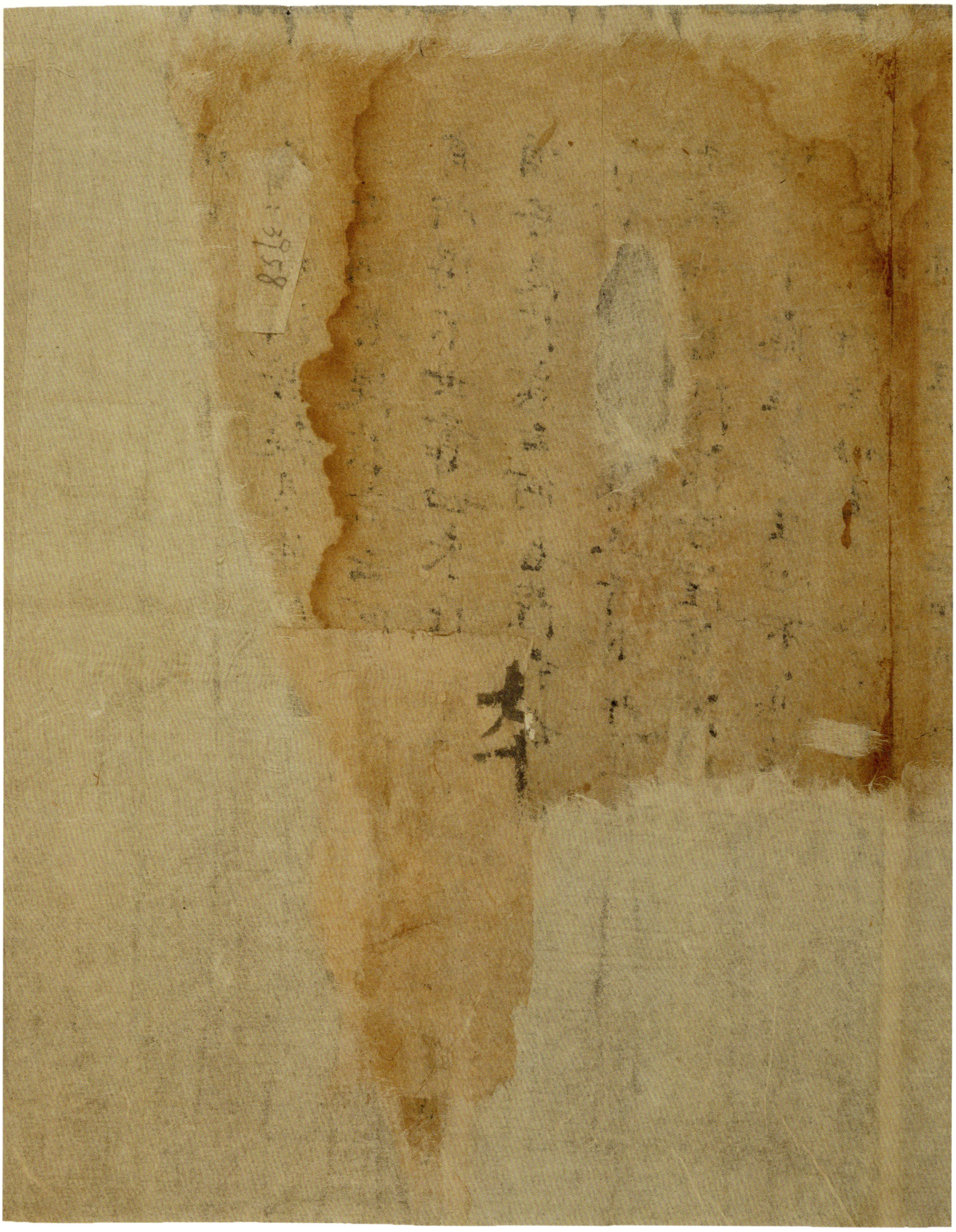

BD00178v　雜寫

BD00179 大方等大集經卷二三

（北涼）曇無讖 譯

47cm × 27.4cm

世界至於佛所頭面礼拜却坐一面尒時此
界大寶坊中無量衆生具足弥滿是諸衆生
各作是念獨我至此供養如來獨在佛前諮
聞正法如來獨為我一人說尒時世尊告無勝
意童子善男子慈有三種一衆生緣二者法
緣三者無緣善男子慈有三種一衆生緣二者
法緣三者無緣善男子衆生緣者緣於五有
若有法行菩薩欲得具足六波羅蜜大慈大
悲菩薩十地速得成就阿耨多羅三藐三菩
提轉正法輪調伏無量無邊衆生令度無邊
生死大河欲壞無量惡魔伴黨入大涅槃如
是菩薩應當脩集四無量心應云何脩若菩
薩摩訶薩為下方衆生乃至上方一切衆生

況

衆生横於我所起諸惡事菩薩尒時應作是
念若我瞋是惡衆生者則為十方諸佛所見
是□大耻當見呵責云何是人為阿耨多羅
三藐三菩提而自不能調伏其心譬如有人
無有脚足而欲越彼欝單越主如無目者而
欲讀書如無手者而欲執作遠離慈心而欲
獲得阿耨多羅三藐三菩提者亦復如是若
不能斷如是瞋心尚不能得聲聞菩提何況
阿耨多羅三藐三菩提若我不能調伏自心
當為諸佛聲聞緣覺天龍八部之所呵責若
我不能調伏自心當得大罪受地獄苦不得
我不能調

BD00180 維摩詰所說經卷中

（後秦）鳩摩羅什 譯

1058cm × 25.5cm

除去所有及諸侍
殊師利既入其舍
獨寢一牀時維摩詰言
師利不來相而來不見相而見文
殊師利言如是居士若來已更不來若去已
更不去所以者何來者无所從來去者无所
至所可見者更不可見且置是事居士是疾
寧可忍不療治有損不至增乎世尊慇懃致
問无量居士是疾何所因起其生久如當云
何滅維摩詰言從癡有愛則我病生以一切
衆生病是故我病若一切衆生得不病者則
我病滅所以者何菩薩爲衆生故入生死有
死則有

若子病愈父母亦愈菩薩如是於諸衆生愛
之若子衆生病則菩薩病衆生病愈菩薩亦
愈又言是病何所因起菩薩疾者以大悲起
文殊師利言居士此室何以空无侍者維摩
詰言諸佛國土亦復皆空又問以何為空荅
曰以空空又問空何用空荅曰以无分別空
故空又問空可分別耶荅曰分別亦空又問
空當於何求荅曰當於六十二見中求又問
六十[illegible]當於何求荅曰當於諸佛解脫中
求又問諸佛解脫當於何求荅曰當於一切
衆生心行中求又仁所問何无侍者一切衆
魔及諸外道皆吾侍也所以者何衆魔者樂
生死菩薩於生死而不捨外道者樂諸見菩

生死菩薩於生死而不捨外道者樂諸見菩
薩於諸見而不動文殊師利言居士所疾為
何等相維摩詰言我病无形不可見又問此
病身合邪心合邪荅曰非身合身相離故亦
非心合心如幻故又問地大水大火大風大於
此四大何大之病荅曰是病非地大亦不
離地大水火風大亦復如是而衆生病從四
大起以其有病是故我病
尒時文殊師利問維摩詰言菩薩應云何慰
喻有疾菩薩維摩詰言說身无常不說猒離
於身說身有苦不說樂於涅槃說身无我而
說教導衆生說身空寂不說畢竟寂滅說

當識宿世无數劫苦當念饒益一切衆生憶
所脩福念於淨命勿生憂惱常起精進當
作醫王療治衆病菩薩應如是慰喻有疾菩
薩令其歡喜
文殊師利言居士有疾菩薩云何調伏其心
維摩詰言有疾菩薩應作是念今我此病皆
從前世妄想顛倒諸煩惱生无有實法誰受
病者所以者何四大合故假名為身四大无
主身亦无我又此病起皆由著我是故於我
不應生著既知病本即除我想及衆生想當
起法想應作是念但以衆法合成此身起唯
法起滅唯法滅又此法者各不相知起時不
言我起滅時不言我滅彼有疾菩薩為滅法

言我起滅時不言我滅彼有疾菩薩為滅法
想當作是念此法想者亦是顛倒者是
即大患我應離之云何為離離我我所云何
離我我所謂離二法云何離二法謂不念內
外諸法行於平等云何平等謂我等涅槃等
所以者何我及涅槃此二皆空以何為空但
以名字故空如此二法无決定性得是平等
无有餘病唯有空病空病亦空是有疾菩薩
以无所受而受諸受未具佛法亦不滅受而
取證也設身有苦念惡趣衆生起大悲心我
既調伏亦當調伏一切衆生但除其病而不
除法為斷病本而教導之何謂病本謂有攀

何謂无所得謂離二見何謂二見謂內見外見
是无所得文殊師利是爲有疾菩薩調伏其
心爲斷老病死苦是菩薩菩提若不如是已
所脩治爲无惠利譬如勝怨乃可爲勇如是
兼除老病死者菩薩之謂也彼有疾菩薩應
復作是念如我此病非真非有衆生病亦非
真非有作是觀時於諸衆生若起大悲愛見
即應捨離所以者何菩薩斷除客塵煩惱
而起大悲愛見悲者則於生死有疲厭心若能
離此无有疲厭在在所生不爲愛見之所覆也
所生无縛能爲衆生說法解縛如佛所說
若自有縛能解彼縛无有是處若自无縛能
解彼縛斯有是處是故菩薩不應起縛何謂
縛何謂解貪著禪味是菩薩縛以方便生是

若自有縛能解彼縛无有是處若自无縛能
解彼縛斯有是處是故菩薩不應起縛何謂
縛何謂解貪著禪味是菩薩縛以方便生是
菩薩解又无方便慧縛有方便慧解无慧方
便縛有慧方便解何謂无方便慧縛謂菩薩
以愛見心莊嚴佛土成就衆生於空无相无作
法中而自調伏是名无方便慧縛何謂有方
便慧解謂不以愛見心莊嚴佛土成就衆生
於空无相无作法中以自調伏而不疲厭
是名有方便慧解何謂无慧方便縛謂菩薩
住貪欲瞋恚耶見等諸煩惱而殖衆德本是
名无慧方便縛何謂有慧方便解謂離諸貪
欲瞋恚耶見等諸煩惱而殖衆德本迴向阿

三菩提是名有慧方便解文殊師利彼有疾菩薩應如是觀諸法又

觀身无常苦空非我是名為慧雖身有疾常
在生死饒益一切而不厭惓是名方便又復
觀身身不離病病不離身是病是身非新非
故是名為慧設身有疾而不永滅是名方便
文殊師利有疾菩薩應如是調伏其心不住
其中亦復不住不調伏心所以者何若住不
調伏心是愚人法若住調伏心是聲聞法是
故菩薩不當住於調伏不調伏心離此二法是
是菩薩行在於生死不為汙行住於涅槃不
永滅度是菩薩行非凡夫行非賢聖行是菩
薩行非垢行非淨行是菩薩行雖過魔行而
現降伏魔是菩薩行求一切智无非時求是

現降伏魔是菩薩行求一切智无非時求是
菩薩行雖觀諸法不生而不入正位是菩薩
行雖觀十二緣起而入諸耶見是菩薩行雖
攝一切衆生而不愛著是菩薩行雖樂遠離
而不依身心盡是菩薩行雖行三界而不壞
法性是菩薩行雖行於空殖衆德本是菩
薩行雖行无相而度衆生是菩薩行雖行无
作而現受身是菩薩行无起而起一切善
行是菩薩行雖行六波羅蜜而遍知衆生
心心數法是菩薩行六通而不盡漏是
菩薩行雖行四无量心而不貪著生於梵世
是菩薩行雖行禪定解脱三昧而不隨禪生

[illegible]

菩薩行雖行四如意足而得自在神通是菩
薩行雖行五根而分別衆生諸根利鈍是菩
薩行雖行五力而樂求佛十力是菩薩行雖
行七覺分而分別佛之智慧是菩薩行雖行
八正道而樂行无量佛道是菩薩行雖行止
觀助道之法而不畢竟墮於寂滅是菩薩行
雖行諸法不生不滅而以相好莊嚴其身是
菩薩行雖現聲聞辟支佛威儀而不捨佛法
是菩薩行雖隨諸法究竟淨相而隨所應為
現其身是菩薩行雖觀諸佛國土永寂如空
而現種種清淨佛土是菩薩行雖得佛道轉
于法輪入於涅槃而不捨於菩薩之道是菩
薩行說是語時文殊師利所將大衆其中八

于法輪入扵涅槃而不捨扵菩薩之道是菩
薩行說是語時文殊師利所將大衆其中八
千天子皆發阿耨多羅三藐三菩提心

不思議品第六

尒時舍利弗見此室中无有床座作是念斯
諸菩薩大弟子衆當扵何坐長者維摩詰知
其意語舍利弗言云何仁者為法來耶求床
座耶舍利弗言我為法來非為床座維摩詰
言唯舍利弗夫求法者不貪軀命何况床座
夫求法者非有色受想行識之求非有界入
之求非有欲色无色之求唯舍利弗夫求法
者不著佛求不著法求不著衆求夫求法者
无見苦求无斷集求无造盡證脩道之求所

修道是則戲論求法也唯舍利弗法名寂
滅若行生滅是生滅非求法也法名无染
若染於法乃至涅槃是則染著非求法也法
无行處若行於法是則行處非求法也法无
取捨若取捨法是則取捨非求法也法无處
所若著處所是則著處非求法也法名无相
若隨相識是則求相非求法也法不可住若
住於法是則住法非求法也法不可見聞覺
知若行見聞覺知是則見聞覺知非求法也
法名无為若行有為是求有為非求法也是
故舍利弗若求法者於一切法應无所求說
是語時五百天子於諸法中得法眼淨
尒時長者維摩詰問文殊師利仁者遊於无
量千万億阿僧祇國何等佛土有好上妙功

量千万億阿僧祇國何等佛土有好上妙功
德成就師子之座文殊師利言居士東方度
世六恒河沙國有世界名須弥相其佛号須
弥燈王今現在彼佛身長八万四千由旬其
師子座高八万四千由旬嚴飾第一於是長
者維摩詰現神通力即時彼佛遣三万二千
師子座高廣嚴淨來入維摩詰室諸菩薩大
弟子釋梵四天王等昔所未見其室廣博悉能
苞容三万二千師子座无所妨礙於毗耶離
城及閻浮提四天下亦不迫迮悉見如故尒
時維摩詰語文殊利就師子座與諸菩薩
上人俱坐當自立身如彼坐像其得神通菩

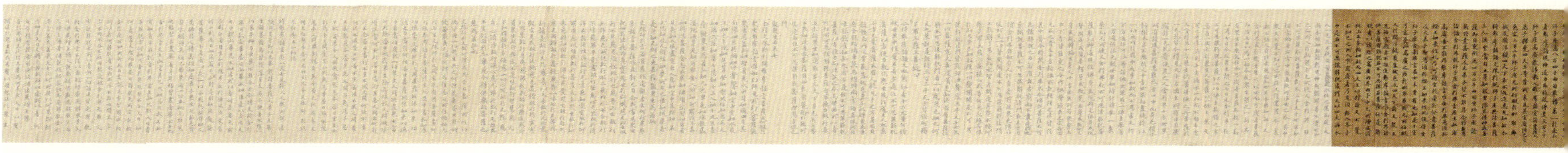

詰語舍利弗就師子座舍利弗言居士此座
高廣吾不能昇維摩詰言唯舍利弗為須弥
燈王如来作礼乃可得坐於是新發意菩薩
及大弟子即為須弥燈王如来作礼便得坐
師子座舍利弗言居士未曾有也如是小室
乃容受此高廣之座於毗耶離城无所妨礙
又於閻浮提聚落城邑及四天下諸天龍王
鬼神宮殿亦不迫迮維摩詰言唯舍利弗諸
佛菩薩有解脫名不可思議若菩薩住是解
脫者以須弥之高廣内芥子中无所增減須
弥山王本相如故而四天王忉利諸天不覺
不知己之所入唯應度者乃見須弥入芥子
中是名不可思議解脫法門又以四大海水

中是名不可思議解脫法門又以四大海水
入一毛孔不嬈魚鼈黿鼉水性之屬而彼大
海本相如故諸龍鬼神阿脩羅等不覺不知
已之所入於此衆生亦无所嬈又舍利弗住
不可思議解脫菩薩斷取三千大千世界如
陶家輪著右掌中擲過恒河沙世界之外其中
衆生不覺不知已之所往又復還置本處
都不使人有往來想而此世界本相如故又
舍利弗或有衆生樂久住世而可度者菩薩
即演七日以爲一劫令彼衆生謂之一劫或
有衆生不樂久住而可度者菩薩即促一劫
以爲七日令彼衆生謂之七日又舍利弗住

置之右掌飛到十方遍示一切而不動本處
又舍利弗十方衆生供養諸佛之具菩薩於
一毛孔皆令得見又十方國土所有日月星
宿於一毛孔普使見之又舍利弗十方世界
所有諸風菩薩悉能吸著口中而身无損外
諸樹木亦不摧折又十方世界劫盡燒時以
一切火内於腹中火事如故而不爲害又於
下方過恒河沙等諸佛世界取一佛土舉著
上方過恒沙无數世界如持針鋒舉一棗
葉而无所燒又舍利弗住不可思議解脫菩
薩能以神通現作佛身或現辟支佛身或現
聲聞身或現帝釋身或現梵王身或現世主

聲聞身或現帝釋身或現梵王身或現世主
身或現轉輪王身又十方世界所有衆聲上
中下音皆能變之令作佛聲演出无常苦空
无我之音及十方諸佛所說種種之法皆於
其中普令得聞舍利弗我今略說菩薩不可
思議解脫之力若廣說者窮劫不盡是時迦
葉聞說菩薩不可思議解脫法門歎未曾有
謂舍利弗譬如有人於盲者前現衆色像非
彼所見一切聲聞聞是不可思議解脫法門
不能解了爲若此也智者聞是其誰不發阿
耨多羅三藐三菩提心我等何爲永絶其根
於此大乘已如敗種一切聲聞聞是不可思

解不可思議解脫門者一切魔衆无如之何
大迦葉說是語時三万二千天子皆發阿耨
多羅三藐三菩提心
尒時維摩詰語大迦葉仁者十方无量阿僧
祇世界中作魔王者多是住不可思議解脫
菩薩以方便力教化衆生現作魔王又迦葉
十方无量菩薩或有人從乞手足耳鼻頭目
髓腦血肉皮骨聚落城邑妻子奴婢象馬車
乘金銀瑠璃車渠馬瑙珊瑚虎珀真珠珂貝
衣服飲食如此乞者多是住不可思議解脫
菩薩以方便力而往試之令其堅固所以者
何住不可思議解脫菩薩有威德力故行逼

何住不可思議解脫菩薩有威德力故行逼
迫示諸衆生如是難事凡夫下劣无有力勢
不能如是逼迫菩薩譬如龍象蹴踏非驢所
堪是名住不可思議解脫菩薩智慧方便之
門

觀衆生品第七

尒時文殊師利問維摩詰言菩薩云何觀於
衆生維摩詰言譬如幻師見所幻人菩薩觀
衆生爲若此如智者見水中月如鏡中見其
面像如熱時焰如呼聲響如空中雲如水聚
沫如水上泡如芭蕉堅如電久住如第五大
如第六陰如第七情如十三入如十九界菩

如得忍菩薩貪恚毀禁如佛煩惱習如盲者
見色如入滅盡定出入息如空中鳥跡如石
女兒如化人煩惱如夢所見已悟如滅度者
受身如无烟之火菩薩觀衆生為若此
文殊師利言若菩薩作是觀者云何行慈維
摩詰言菩薩作是觀已自念我當為衆生
說如斯法是即真實慈也行寂滅慈无所生故
行不熱慈无煩惱故行之慈等三世故行
無諍慈无所起故行不二慈内外不合故行
不壞慈畢竟盡故行堅慈心无毀故行清
淨慈諸法性淨故行无邊慈如虛空故行阿
羅漢慈破結賊故行菩薩慈安衆生故行如
來慈得如相故行佛之慈覺衆生故行自然

羅漢慈破結賊故行菩薩慈安衆生故行如
来慈得如相故行佛之慈覺衆生故行自然
慈无因得故行菩提慈等一味故行无等慈
斷諸愛故行大悲慈導以大乘故行无猒慈
觀空无我故行法施慈无遺惜故行持戒慈
化毀禁故行忍辱慈護彼我故行精進慈荷
負衆生故行禪定慈不受味故行智慧慈无
不知時故行方便慈一切示現故行无隱慈
直心清淨故行深心慈无雜行故行无誑慈
不虛假故行安樂慈令得佛樂故菩薩之
慈為若此也
文殊師利又問何謂為悲答曰菩薩所作功
德皆與一切衆生共之何謂為喜答曰有所

所依維摩詰言菩薩於生死畏中當依如来
功德之力文殊師利又問菩薩欲依如来功
德之力當於何住荅曰菩薩欲依如来功德
力者當住度脫一切衆生又問欲度衆生當
何所除荅曰欲度衆生除其煩惱又問欲除
煩惱當何所行荅曰當行正念又問云何行
於正念荅曰當行不生不滅又問何法不生
何法不滅荅曰不善不生善法不滅又問善
不善孰為本荅身為本又問身孰為本荅
曰欲貪為本又問欲貪孰為本荅曰虛妄分
別為本又問虛妄分別孰為本荅曰顛倒想
為本又問顛倒想孰為本荅曰无住為本又

為本又問顛倒想孰為本荅无住為本又
問无住孰為本荅曰无住則无本文殊師利從
无住本立一切法
時維摩詰室有一天女見諸大人聞所説法
便現其身即以天華散諸菩薩大弟子上華
至諸菩薩即皆墮落至大弟子便著不墮一
切弟子神力去華不能令去尒時天問舍利
弗何故去華荅曰此華不如法是以去之天
曰勿謂此華為不如法所以者何是華无所
分別仁者自生分別想耳若於佛法出家有
所分別為不如法若无所分別是則如法觀諸
菩薩華不著者以斷一切分別想故譬如人

也結習未盡華著身耳結習盡者華不著也
舍利弗言天止此室其已久如荅曰我止此
室如耆年解脫舍利弗言止此久耶天曰耆
年解脫亦何如久舍利弗默然不合天曰如
何耆舊大智而默荅曰解脫无所言說故
吾於是不知所云天曰言說文字皆解脫相
所以者何解脫者不內不外不在兩間文字
亦不內不外不在兩間是故舍利弗无離文
字說解脫也所以者何一切諸法皆是解脫
相舍利弗言不復以離婬怒癡為解脫乎天
曰佛為增上慢人說離婬怒癡為解脫耳若
无增上慢者佛說婬怒癡性即是解脫舍利

无增上慢者佛說婬怒癡性即是解脫舍利
弗言善哉善哉天女汝何所得以何為證辯
乃如是天曰无得无證故辯如是所以者何
若有得有證者則佛法佛法為增上慢
舍利弗問天汝於三乘為何志求天曰以聲
聞法化衆生故我為聲聞以因緣法化衆生
故我為辟支佛以大悲化衆生故我為大乘
舍利弗如人入瞻蔔林唯齅瞻蔔不齅餘香
如是若入此室但聞佛功德之香不樂聞聲
聞辟支佛功德香也舍利弗其有釋梵四天
王諸天龍鬼神等入此室者聞斯人上講說
正法皆樂佛功德之香發心而出舍利弗吾

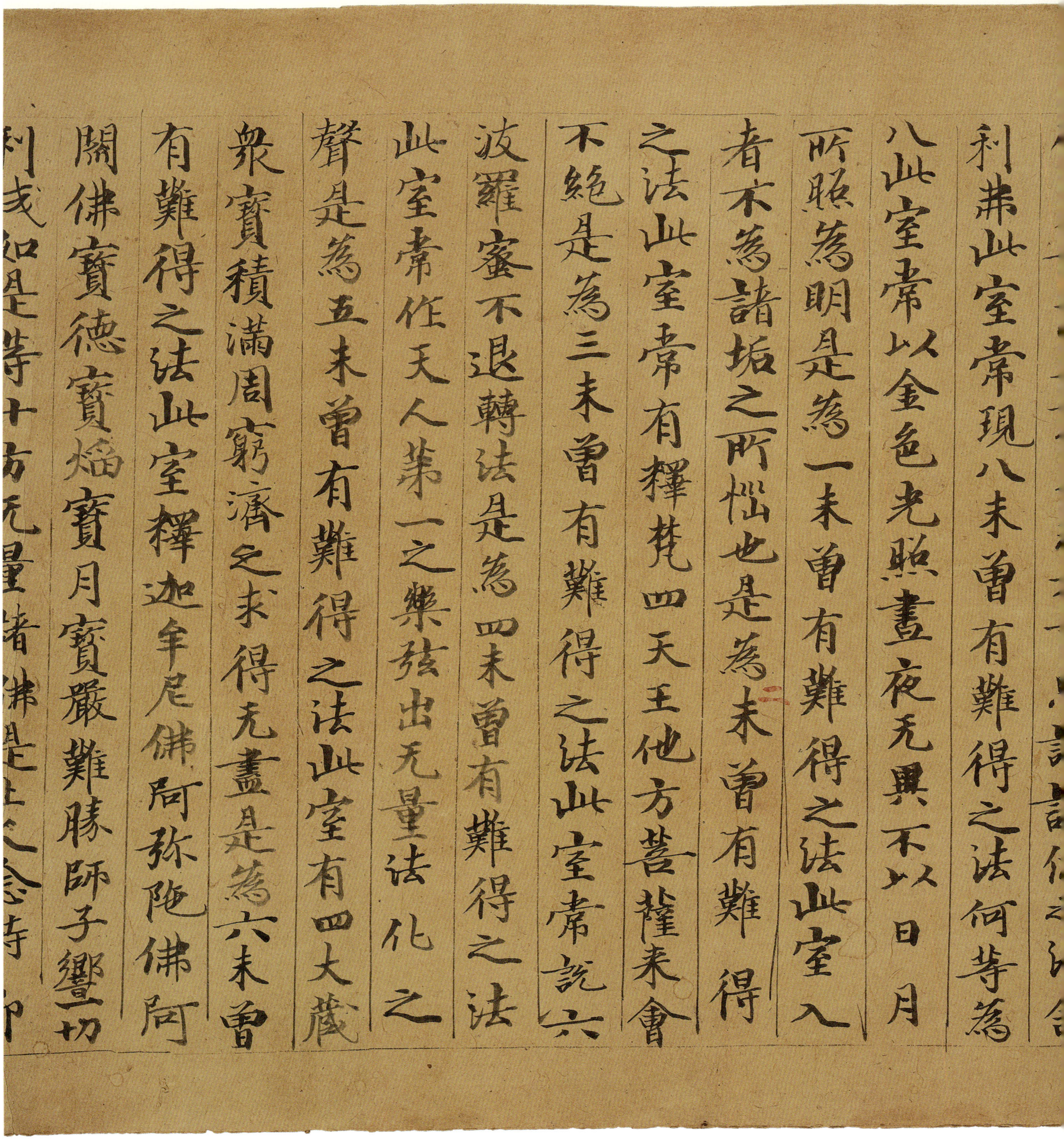

利弗此室常現八未曾有難得之法何等為
八此室常以金色光照晝夜无異不以日月
所照為明是為一未曾有難得之法此室入
者不為諸垢之所惱也是為二未曾有難得
之法此室常有釋梵四天王他方菩薩來會
不絶是為三未曾有難得之法此室常說六
波羅蜜不退轉法是為四未曾有難得之法
此室常作天人第一之樂絃出无量法化之
聲是為五未曾有難得之法此室有四大藏
衆寶積滿周窮濟乏求得无盡是為六未曾
有難得之法此室釋迦牟尼佛阿弥陀佛阿
閦佛寶德寶焰寶月寶嚴難勝師子響一切
利成如是等十方无量諸佛是上人念時即

BD00180　維摩詰所説經卷中

利成如是等十方无量諸佛是上人念時即
皆為来廣説諸秘要法藏説已還去是為
七未曾有難得之法此室一切諸天嚴餝宮
殿諸佛淨土皆於中現是為八未曾有難得
之法舍利弗此室常現八未曾有難得之法
誰有見斯不思議事而復樂於聲聞法乎
舍利弗言汝何以不轉女身天曰我從十二
年来求女人相了不可得當何所轉譬如幻
師化作幻女若有人問何以不轉女身是人
為正問不舍利弗言不也幻无定相當何所
轉天曰一切諸法亦復如是无有定相云何
乃問不轉女身即時天女以神通力變舍利

不知何轉而變為女身天曰舍利弗若能轉
此女身則一切女人亦當能轉如舍利弗非
女而現女身一切女人亦復如是雖現女身
而非女也是故佛說一切諸法非男非女即
時天女還攝神力舍利弗身還復如故天問
舍利弗女身色相今何所在舍利弗言女身
色相无在无不在天曰一切諸法亦復如是
无在无不在夫无在无不在者佛所說也舍
利弗問天汝於此沒當生何所天曰佛化所
生吾如彼生曰佛化所生非沒也 天曰衆生
猶然无沒生也舍利弗問天汝久如當得
阿耨多羅三藐三菩提天曰如舍利弗還為

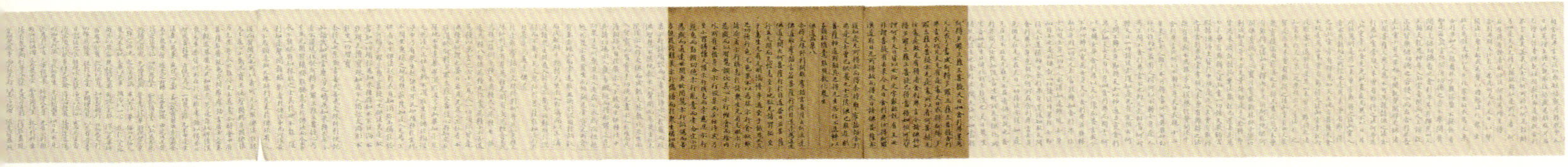

阿耨多羅三藐三菩提天曰如舍利弗還為
凡夫我乃當成阿耨多羅三藐三菩提舍利
弗言我作凡夫无有是處天曰我得阿耨多
羅三藐三菩提亦无是處所以者何菩提无
住處是故无有得者舍利弗言今諸佛得阿
耨多羅三藐三菩提已得當得如恒河沙皆
謂何乎天曰皆以世俗文字數故說有三世
非謂菩提有去来今天曰舍利弗汝得阿羅
漢道耶曰无所得故而得天曰諸佛菩薩亦
復如是无所得故而得尒時維摩詰語舍利
弗是天女曾已供養九十二億佛已能遊戲
菩薩神通所願具足得无生忍住不退轉以

尒時文殊師利問維摩詰言菩薩云何通達
佛道維摩詰言若菩薩行於非道是為通達
佛道又問云何菩薩行於非道荅曰若菩薩
行五无間而无惱恚至于地獄无諸罪垢至
于畜生无有无明憍慢等過至于餓鬼而具
足功德行色无色界不以為勝示行貪欲離
諸染著示行瞋恚於諸衆生无有恚礙示行
愚癡而以智慧調伏其心示行慳貪而捨内
外所有不惜身命示行毀禁而安住淨戒乃
至小罪猶懷大懼示行瞋恚而常慈忍示行
懈怠而勤脩功德示行亂意而常念定示行
愚癡而通達世間出世間慧示行諂僞而善
方便隨諸經義示行憍慢而於衆生猶如橋

方便隨諸經義示行憍慢而於衆生猶如橋
梁示行諸煩惱而心常清淨示入於魔而順
佛智慧不隨他教示入聲聞而為衆生說未
聞法示入辟支佛而成就大悲教化衆生示
入貧窮而有寶手功德无盡示入形殘而具
諸相好以自莊嚴示入下賤而生佛種性中
具諸功德示入羸劣醜陋而得那羅延身一
切衆生之所樂見示入老病死而永斷病根超
越死畏示有資生而恒觀无常實无所貪示
有妻妾婇女而常遠離五欲淤泥現於訥鈍
而成就辯才揔持无失示入耶濟而以正濟
度諸衆生現遍入諸道而斷其因緣現於涅

於是維摩詰問文殊師利何等為如来種文
殊師利言有身為種无明有愛為種貪恚癡
為種四顛倒為種五蓋為種六入為種七識
處為種八耶法為種九惱處為種十不善道
為種以要言之六十二見及一切煩惱皆是
佛種曰何謂也荅曰若見无為入正位者不
能復發阿耨多羅三藐三菩提心譬如高原
陸地不生蓮華卑濕淤泥乃生此華如是見
无為法入正位者終不復能生於佛法煩惱
泥中乃有衆生起佛法耳又如殖種於空終
不得生糞壤之地乃能滋茂如是入无為正
位者不生佛法起於我見如須弥山猶能發

位者不生佛法起於我見如須弥山猶能發
于阿耨多羅三藐三菩提心生佛法矣是故
當知一切煩惱為如來種譬如不下巨海不
能得无價寶珠如是不入煩惱大海則不
能生一切智寶
尒時大迦葉歎言善哉善哉文殊師利快說
此語誠如所言塵勞之疇為如來種我等今
者不復堪任發阿耨多羅三藐三菩提心乃
至五无間罪猶發能發意生於佛法而今我等
永不能發譬如根敗之士其於五欲不能復
利如是聲聞諸結斷者於佛法中无所復益
永不志願是故文殊師利凡夫於佛法有反

力无畏等永不能發无上道意尒時會中有
菩薩名普現色身問維摩詰言居士父母妻
子親戚眷屬吏民知識悉為是誰奴婢僮僕
象馬車乘皆何所在於是維摩詰以偈答曰
智度菩薩母　方便以為父　一切衆導師　无不由是生
法喜以為妻　慈悲心為女　善心誠實男　畢竟空寂舍
弟子衆塵勞　隨意之所轉　道品善知識　由是成正覺
諸度法等侶　四攝為妓女　歌詠誦法言　以此為音樂
揔持之園苑　无漏法林樹　覺意淨妙華　解脫智慧果
八解之浴池　定水湛然滿　布以七淨華　浴此无垢人
象馬五通馳　大乘以為車　調御以一心　遊於八正路
相具以嚴容　衆好飾其姿　慚愧之上服　深心為華鬘
富有七財寶　教授以滋息　如所說脩行　迴向為大利

BD00180　維摩詰所說經卷中

富有七財寶　教授以滋息　如所說脩行　迴向為大利
四禪為牀座　從於淨命生　多聞增智慧　以為自覺音
甘露法之食　解脫味為漿　淨心以澡浴　戒品為塗香
摧滅煩惱賊　勇健无能踰　降伏四種魔　勝幡建道場
雖知无起滅　示彼故有生　悉現諸國土　如日无不見
供養於十方　无量億如來　諸佛及己身　无有分別想
雖知諸佛國　及與衆生空　而常脩淨土　教化於群生
諸有衆生類　形聲及威儀　无畏力菩薩　一時能盡現
覺知衆魔事　而示隨其行　以善方便智　隨意皆能現
或示老病死　成就諸群生　了知如幻化　通達无有礙
或現劫盡燒　天地皆洞然　衆人有常想　照令知无常
无數億衆生　俱來請菩薩　一時到其舍　化令向佛道
經書禁呪術　工巧諸伎藝　盡現行此事　饒益諸群生

世間衆道法　悉於中出家　因以解人惑　而不墮邪見
或作日月天　梵王世界主　或時作地水　或復作風火
劫中有疾疫　現作諸藥草　若有服之者　除病消衆毒
劫中有飢饉　現身作飲食　先救彼飢渴　却以法語人
劫中有刀兵　為之起慈悲　化彼諸衆生　令住无諍地
若有大戰陣　立之以等力　菩薩現威勢　降伏使和安
一切國土中　諸有地獄處　輒往到于彼　免濟其苦惱
一切國土中　畜生相噉食　皆現生於彼　為之作利益
示受於五欲　亦復現行禪　令魔心憒亂　不能得其便
火中生蓮華　是可謂希有　在欲而行禪　希有亦如是
或現作婬女　引諸好色者　先以欲鉤牽　後令入佛智
或為邑中主　或作商人導　國師及大臣　以祐利衆生
諸有貧窮者　現為无盡藏　因以勸導之　令發菩提心
我心憍慢者　為現大力士　消伏諸貢高　令住无上道

BD00180　維摩詰所説經卷中

諸有貧窮者　現爲无盡藏　因以勸導之　令發菩提心
我心憍慢者　爲現大力士　消伏諸貢高　令住佛上道
其有恐懼衆　居前而安慰　先施以无畏　後令發道心
或現離婬欲　爲五通仙人　開道諸群生　令住戒忍慈
見須供事者　現爲作僮僕　既悅可其意　乃發以道心
隨彼之所須　得入於佛道　以善方便力　皆能給足之
如是道无量　所行无有崖　智慧无邊際　度脫无數衆
假令一切佛　於无數億劫　讚歎其功德　猶尚不能盡
誰聞如是法　不發菩提心　除彼不肖人　癡冥无智者

入不二法門品第九

尒時維摩詰謂衆菩薩言諸仁者云何菩薩
入不二法門各隨所樂說之會中有菩薩名
法自在說言諸仁者生滅爲二法本不生今

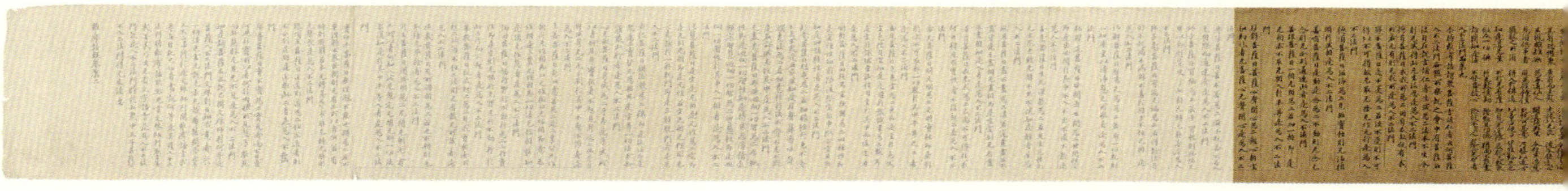

所若无有則无我所是為入不二法門
睒不菩薩曰受不受為二若法不受則不可
得以不可得故无取无捨无作无行是為入
不二法門
德頂菩薩曰垢淨為二見垢實性則无淨相
順於滅相是為入不二法門
善宿菩薩曰是動是念為二不動則无念无
念則无分別通達此者是為入不法門
善眼菩薩曰一相无相為二若知一相即是
无相亦不取无相入於平等是為入不二法
門
妙臂菩薩曰菩薩心聲聞心為二觀心相空
如幻化者无菩薩心无聲聞心是為入不二

如幻化者无菩薩心无聲聞心是爲入不二
法門
弗沙菩薩曰善不善爲二若不起善不善入
无相際而通達者是爲入不二法門
師子菩薩曰罪福爲二若達罪性則與福无
異以金剛慧决了此相无縛无解者是爲入
不二法門
師子意菩薩曰有漏无漏爲二若得諸法等
則不起漏不漏想不著於相亦不住无相是
爲入不二法門
淨解菩薩曰有爲无爲爲二若離一切數則
心如虛空以清淨慧无所礙者是爲入不二
法門

為入不二法門
善意菩薩曰生死涅槃為二若見生死性則
无生死无縛无解不然不滅如是解者是為
入不二法門
現見菩薩曰盡不盡為二法若究竟盡若不
盡皆是无盡相无盡相即是空空則无有盡
不盡相如是入者是為入不二法門
普首菩薩曰我无我為二我尚不可得非我
何可得見我實性者不復起二是為入不二
法門
電天菩薩曰明无明為二无明實性即是明
明亦不可取離一切數於其中平等无二者
是為入不二法門

是為入不二法門
善見菩薩曰色色空為二色即是空非色滅
空色性自空如是受想行識識空為二識即
是空非識滅空識性自空於其中而通達者
是為入不二法門
明相菩薩曰四種異空種異為二四種性即
是空種性如前際後際空故中際亦空若能
如是知諸種性者是為入不二法門
妙意菩薩曰眼色為二若知眼性於色不貪
不恚不癡是名寂滅如是耳聲鼻香味身
觸意法為二若知意性於法不貪不恚不癡
是名寂滅安住其中是為入不二法門
无盡意菩薩曰布施迴向一切智為二布施
[illegible]

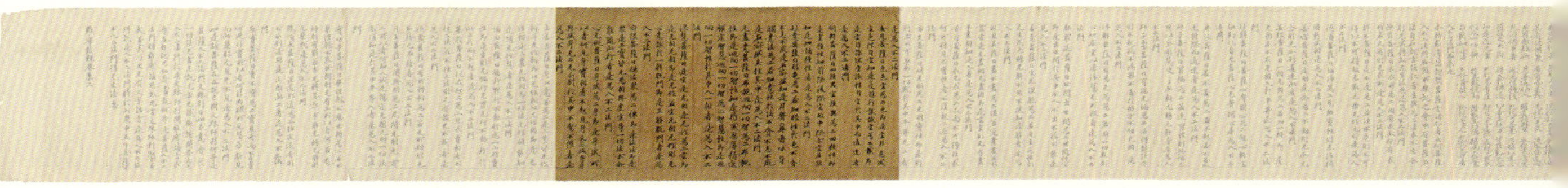

向一切智性於其中入一相者是爲入不二
法門
深慧菩薩曰是空是无相是无作爲二空即
是无相无相即是无作若空无相无作則无
心意識於一解脫門即是三解脫門者是爲
入不二法門
寂根菩薩曰佛法衆爲二佛即是法法即是
衆是三寶皆无爲相與虚空等一切法亦尒
能隨此行者是爲入不二法門
心无礙菩薩曰身滅爲二身即是身滅所
以者何見身實相者不起見身及見滅身身
與滅身无二无分別於其中不驚不懼者是
爲入不二法門

與滅身无二无分別於其中不驚不懼者是
為入不二法門
上善菩薩曰身口意善為二是三業皆无作
相身无作相即口无作相口无作相即意无
作相是三業无作相即一切法无作相能如
是隨无作慧者是為入不二法門
福田菩薩曰福行罪行不動行為二三行實
性即是空則无福行无罪无行不動行於
此三行而不起者是為入不二法門
華嚴菩薩曰從我起二為二見我實相者不
起二法若不住二法則无有識无所識者是
為入不二法門
德藏菩薩曰有所得相為二若无所得則无

……菩薩曰闇與明為二无闇无明无有
二所以者何如入滅受想定无闇无明一切法
亦復如是於其中平等入者是為入不二法
門
寶印手菩薩曰樂涅槃不樂世間為二若不
樂涅槃不猒世間則无有二所以者何若有
縛則有解若本无縛其誰求解无縛无解則
无樂猒是為入不二法門
珠頂王菩薩曰正道耶道為二住正道者則
不分別是耶是正離此二者是為入不二法
門
樂實菩薩曰實不實為二實見者尚不見實
何況非實所以者何非肉眼所見慧乃能見

BD00180　維摩詰所説經卷中

何況非實所以者何非肉眼所見慧乃能見
而此慧眼无見无不見是為入不二法門
如是諸菩薩各各說已問文殊師利何等是
菩薩入不二法門文殊利日如我意者於
一切法无言无說无示无識離諸問荅是為
入不二法門於是文殊師利問維摩詰言我
等各自說已仁者當說何等是菩薩入不二
法門時維摩詰默然无言文殊師利歎言善
哉善哉乃至无有文字語言是真入不二法
門說是入不二法門時於此衆中五千菩薩皆
不入二法門得无生法忍

維摩詰經卷第二

BD00181

維摩詰所説經卷中

（後秦）鳩摩羅什 譯

259.5cm × 25.5cm

自在神通是菩
薩行雖行五根而分別衆生諸根利鈍是菩
薩行雖行五力而樂求佛十力是菩薩行雖
行七覺分而分別佛之智慧是菩薩行雖行
八正道而樂行无量佛法是菩薩行雖行止
觀助道之法而不畢竟墮於寂滅是菩薩
行雖行諸法不生不滅而以相好莊嚴其身
是菩薩行雖現聲聞辟支佛威儀而不捨佛
法是菩薩行雖隨諸法究竟淨相而隨所應
爲現其身是菩薩行雖觀諸佛國土永寂如
空而現種種清淨佛土是菩薩行雖得佛道
轉于法輪入於涅槃而不捨於菩薩之道是

不思議品第六
尒時舍利弗見此室中无有床坐作是念斯
諸菩薩大弟子衆當於何坐長者維摩詰
知其意語舍利弗言云何仁者為法来耶求
牀座耶舍利弗言我為法来非求牀座維
摩詰言唯舍利弗夫求法者不貪軀命
何況牀座夫求法者非有色受想行識之求
非有界入之求非有欲色无色之求唯舍利
弗夫求法者不著佛求不著法求不著衆求
夫求法者无見苦求无斷集求无造盡證脩
道之求所以者何法无戲論若言我當見苦斷
集滅證脩道是則戲論非求法也唯舍利弗法
名寂滅若行生滅是求生滅非求法也法名无

名寂滅若行生滅是求生滅非求法也法名无
染若染於法乃至涅槃是則染着非求法也法无
行處若行於法是則行處非求法也法无取
捨若取捨法是則取捨非求法也法无處所
若著處所是則著處非求法也法名无相若
隨相識是則求相非求法也法不可住若住
於法是則住法非求法也法不可見聞覺知
若行見聞覺知是則見聞覺知非求法也法
名无爲若行有爲是求有爲非求法也是
故舍利弗若求法者於一切法應无所求說是
語時五百天子於諸法中得法眼淨
尒時長者維摩詰問文殊師利仁者遊於无
量千万億阿僧祇國何等佛土有如上女功
德成就[illegible]

弥燈王今現在彼佛身長八万四千由旬其師
子座高八万四千由旬嚴餝苐一於是長者
維摩詰現神通力即時彼佛遣三万二千
師子座高廣嚴淨来入維摩詰室諸菩薩大
弟子釋梵四天王等昔所未見其室廣博悉
苞容三万二千師子座无所妨礙於毗耶離
城及閻浮提四天下亦不迫迮悉見如故尒時
維摩詰語文殊師利就師子座與諸菩薩上人
俱坐當自立身如彼坐像其得神通菩薩即
自變形為四万二千由旬坐師子座諸新發
意菩薩及大弟子皆不能昇尒時維摩詰
語舍利弗就師子座舍利弗言居士此座
高廣吾不能昇維摩詰言唯舍利弗為須

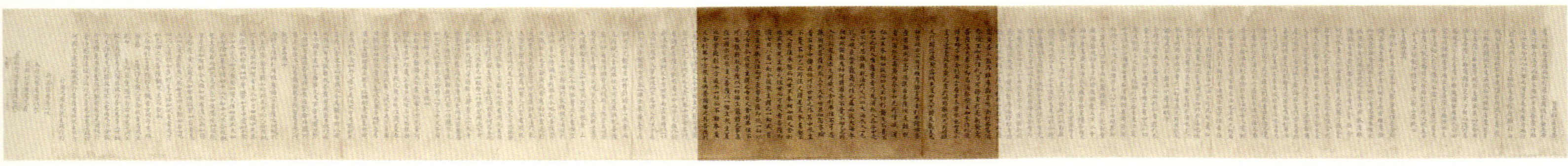

高廣吾不能昇維摩詰言唯舍利弗爲須
弥燈王如來作礼乃可得坐於是新發意
菩薩及大弟子即爲須弥燈王如來作礼便
得坐師子座舍利弗言居士未曾也也如是小
室乃容受此高廣之座於毗耶離城无所妨礙
又於閻浮提聚落城邑及四天下諸天龍王鬼
神宮殿亦不迫迮維摩詰言唯舍利弗諸佛菩
薩有解脫名不可思議若菩薩住是解脫
者以須弥之高廣内芥子中无所增減須
弥山王本相如故而四天王忉利諸天不覺不
知已之所入唯應度者乃見須弥入芥子中是
名不可思議解脫法門又以四大海水入一毛

入於此衆生亦无所嬈又舍利弗住不可思
議解脫菩薩斷取三千大千世界如陶家輪
著右掌中擲過恒河沙世界之外其中衆生
不覺不知己之所往又復還置本處都不
使人有往来想而此世界本相如故又舍利
弗或有衆生樂久住世而可度者菩薩即
演七日以爲一劫令彼衆生謂之一劫或有
衆生不樂久住而可度者菩薩即促一劫以
爲七日令彼衆生謂之七日又舍利弗住不
可思議解脫菩薩以一切佛土嚴飾之事集
在一國示於衆生又菩薩以一佛土衆生置
之右掌飛到十方遍示一切而不動本處
又舍利弗十方衆生供養諸佛之具菩薩於

又舍利弗十方衆生供養諸佛之具菩薩於
一毛孔皆令得見又十方國土所有日月星
宿於一毛孔普使見之又舍利弗十方世界所
有諸風菩薩悉能吸著口中而身无損外諸
樹木亦不摧折又十方世界劫盡燒時以一切
火內於腹中火事如故而不爲害又於下方過
恒河沙等諸佛世界取一佛土舉著上方過
恒河沙无數世界如持針鋒舉一棗葉而
无所嬈又舍利弗住不可思議解脫菩薩
能以神通現作佛身或現辟支佛身或現聲
聞身或現帝釋身或現梵王身或現世主身
或現轉輪王身又十方世界所有衆聲上
中下音皆能變之令作佛聲出无常苦空

思議解脫之力若廣說者窮劫不盡是時
大迦葉聞說菩薩不可思議解脫法門歎
未曾有謂舍利弗譬如有人於盲者前現
衆色像非彼所見一切聲聞聞是不可思議解
脫法門不能解了爲若此也智者聞是其誰
不發阿耨多羅三藐三菩提心我等何爲永絶
其根於此大乘已如敗種一切聲聞聞是不可
思議解脫法門皆應號泣聲震三千大千
世界一切菩薩應大欣慶頂受此法若有菩
薩信解不可思議解脫門者一切魔衆无
如之何大迦葉說是語時三万二千天子皆
發阿耨多羅三藐三菩提心
尒時維摩詰語大迦葉仁者十方无量阿
僧祇世界中作魔王者多是住不可思議解

尒時維摩詰語大迦葉仁者十方无量阿
僧祇世界中作魔王者多是住不可思議解
脫菩薩以方便力教化衆生現作魔王又迦
葉十方无量菩薩或有人從乞手足耳鼻頭
目髓腦血肉皮骨聚落城邑妻子奴婢象馬
車乘金銀瑠璃車璖馬瑙珊瑚虎珀真珠珂
貝衣服飲食如此乞者多是住不可思議解脫
菩薩以方便力而往試之令其堅固所以者
何住不可思議解脫菩薩有威德力故行逼
迫示諸衆生如是難事凡夫下劣无有力勢
不能如是逼迫菩薩譬如龍象蹴踏非驢所
堪是名住不可思議解脫菩薩智慧方便之門

觀衆生品第七

衆生爲若此如智者見水中月如鏡中見其
面像如熱時焰如呼聲響如空中雲如水聚
沫如水上泡如芭蕉堅如電久住如第五大如
第六陰如第七情如十三入如十九界菩薩觀
衆生爲若此如无色界色如燋穀牙如須陁
洹身見如阿那含入胎如阿羅漢三毒如得
忍菩薩貪恚毀禁如佛煩惱習如盲者見
色如入滅盡定出入息如空中鳥跡如石女兒
如化人煩惱如夢所見已悟如滅度者受身
如无烟之火菩薩觀衆生爲若此
文殊師利言菩薩作是觀者云何行慈維
摩詰　言菩薩作是觀已自念我當爲衆生
說如　是即真實慈也行寂滅慈无所生

説如　是即真實慈也行寂滅慈无所生
故行不勢慈无煩惱故行等之慈等三世故
行无諍慈无所起故行不二慈内外不合故
行不壞慈畢竟盡故行堅固慈心无毀故行
清淨慈諸法性淨故行无邊慈如虛空故行
阿羅漢慈破結賊故行菩薩慈安衆生故行
佛之慈覺衆生故行自
行菩提慈等一味
故行大悲慈導以大
我故行法施慈无遺
禁故行忍辱慈護彼我
故

BD00182 金剛般若波羅蜜經

（後秦）鳩摩羅什 譯

BD00182v 雜寫

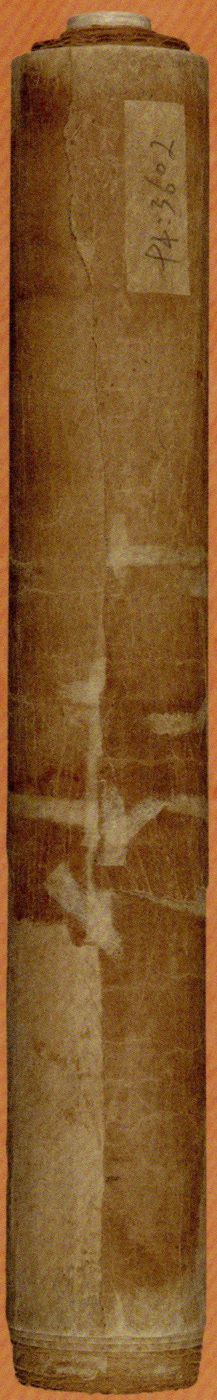

528.7cm × 25.5cm

偏袒右
有世尊如來善護念諸菩薩
世尊善男子善女人發阿耨多
提心應云何住云何降伏其心佛
哉須菩提如汝所説如來善護
付囑諸菩薩汝今諦聽當為汝
女人發阿耨多羅三藐三菩提
如是降伏其心唯然世尊願樂欲
佛告須菩提諸菩薩摩訶薩應如是降伏其
心所有一切衆生之類若卵生若胎生若濕
生若化生若有色若无色若有想若无想若
非有想若非无想我皆令入无餘涅槃而滅度
之如是滅度无量无數无邊衆生實无衆生
得滅度者何以故須菩提若菩薩有我相

所謂不住色布施不住聲香味觸法布施須
菩提菩薩應如是布施不住於相何以故若
菩薩不住相布施其福德不可思量須菩提
於意云何東方虛空可思量不不也世尊須
菩提南西北方四維上下虛空可思量不不
也世尊須菩提菩薩无住相布施福德亦復
如是不可思量須菩提菩薩但應如所教住
須菩提於意云何可以身相見如來不不也
世尊不可以身相得見如來何以故如來所
說身相即非身相佛告須菩提凡所有相皆
是虛妄若見諸相非相則見如來
須菩提白佛言世尊頗有衆生得聞如是言
說章句生實信不佛告須菩提莫作是說

說章句生實信不佛告須菩提莫作是說
如來滅後後五百歲有持戒脩福者於此章
句能生信心以此為實當知是人不於一佛二
佛三四五佛而種善根已於无量千万佛所
種諸善根聞是章句乃至一念生淨信者須
菩提如來悉知悉見是諸衆生得如是无量
福德何以故是諸衆生无復我相人相衆生
相壽者相无法相亦无非法相何以故是諸
衆生若心取相則為著我人衆生壽者若取
法相即著我人衆生壽者何以故若取非法
相即著我人衆生壽者是故不應取法不應
取非法以是義故如來常說汝等比丘知我
說法如筏喻者法尚應捨何況非法
須菩提於意云何如來得阿耨多羅三藐三

提亦无有定法如來可說何以故如來所說
法皆不可取不可說非法非非法所以者何
一切賢聖皆以无為法而有差別
須菩提於意云何若人滿三千大千世界七
寶以用布施是人所得福德寧為多不須菩
提言甚多世尊何以故是福德即非福德性
是故如來說福德多若復有人於此經中受
持乃至四句偈等為他人說其福勝彼何以
故須菩提一切諸佛及諸佛阿耨多羅三藐
三菩提法皆從此經出須菩提所謂佛法者
即非佛法
須菩提於意云何須陁洹能作是念我得須
陁洹果不須菩提言不也世尊何以故須陁

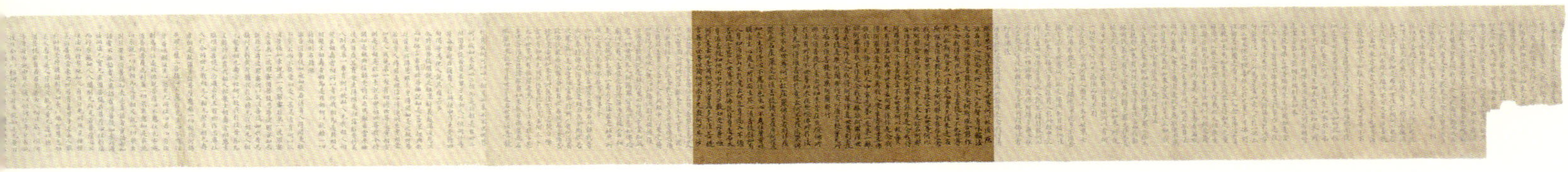

陁洹果不須菩提言不也世尊何以故須陁
洹名為入流而无所入不入色聲香味觸法
是名須陁洹須菩提於意云何斯陁含能作
是念我得斯陁含果不須菩提言不也世尊
何以故斯陁含名一往来而實无往来是名
斯陁含須菩提於意云何阿那含能作是念
我得阿那含果不須菩提言不也世尊何以
故阿那含名為不来而實无来是故名阿那
含須菩提於意云何阿羅漢能作是念我得
阿羅漢道不須菩提言不也世尊何以故實
无有法名阿羅漢世尊若阿羅漢作是念我
得阿羅漢道即為著我人衆生壽者世尊佛
說我得无諍三昧人中最為第一是第一離
欲阿羅漢我不作是念我是離欲阿羅漢世

行而名須菩提是樂阿蘭那行
佛告須菩提於意云何如來昔在然燈佛所
於法有所得不世尊如來在然燈佛所於法
實无所得須菩提於意云何菩薩莊嚴佛
土不不也世尊何以故莊嚴佛土者則非莊
嚴是名莊嚴是故須菩提諸菩薩摩訶薩應
如是生清淨心不應住色生心不應住聲香味
觸法生心應无所住而生其心須菩提譬如有
人身如須弥山王於意云何是身為大不須
菩提言甚大世尊何以故佛說非身是名大
身須菩提如恒河中所有沙數如是沙等恒
河於意云何是諸恒河沙寧為多不須菩提
言甚多世尊但諸恒河尚多无數何況其沙

言甚多世尊但諸恒河尚多无數何況其沙
須菩提我今實言告汝若有善男子善女人
以七寶滿尒所恒河沙數三千大千世界以用
布施得福多不須菩提言甚多世尊佛告須
菩提若善男子善女人於此經中乃至受持
四句偈等為他人說而此福德勝前福德復
次須菩提隨說是經乃至四句偈等當知此
處一切世間天人阿脩羅皆應供養如佛塔
廟何況有人盡能受持讀誦須菩提當知
是人成就最上第一希有之法若是經典所
在之處則為有佛若尊重弟子
尒時須菩提白佛言世尊當何名此經我等
云何奉持佛告須菩提是經名為金剛般若
波羅蜜以是名字汝當奉持所以者何須菩

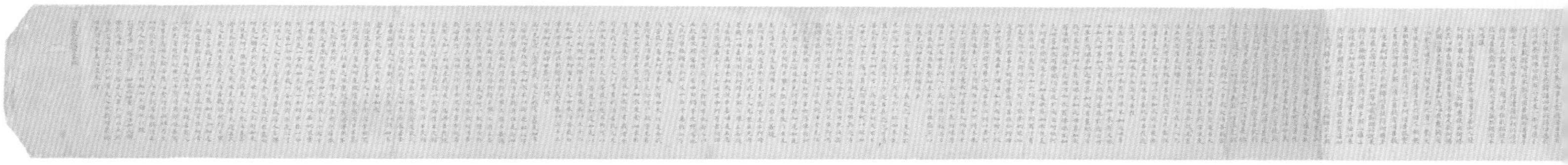

言世尊如來无所說須菩提於意云何三千
大千世界所有微塵是為多不須菩提言甚
多世尊須菩提諸微塵如來說非微塵是名
微塵如來說世界非世界是名世界須菩提
於意云何可以卅二相見如來不不也世尊
何以故如來說卅二相即是非相是名卅二
相須菩提若有善男子善女人以恒河沙等
身命布施若復有人於此經中乃至受持四
句偈等為他人說其福甚多
尒時須菩提聞說是經深解義趣涕淚悲泣
而白佛言希有世尊佛說如是甚深經典我
從昔來所得慧眼未曾得聞如是之經世尊

從昔來所得慧眼未曾得聞如是之經世尊
若復有人得聞是經信心清淨則生實相當
知是人成就第一希有功德世尊是實相者
則是非相是故如來說名實相世尊我今得
聞如是經典信解受持不足為難若當來世
後五百歲其有眾生得聞是經信解受持是
人則為第一希有何以故此人無我相人相
眾生相壽者相所以者何我相即是非相人
相眾生相壽者相即是非相何以故離一切
諸相則名諸佛
佛告須菩提如是如是若復有人得聞是經
不驚不怖不畏當知是人甚為希有何以故
須菩提如來說第一波羅蜜非第一波羅蜜

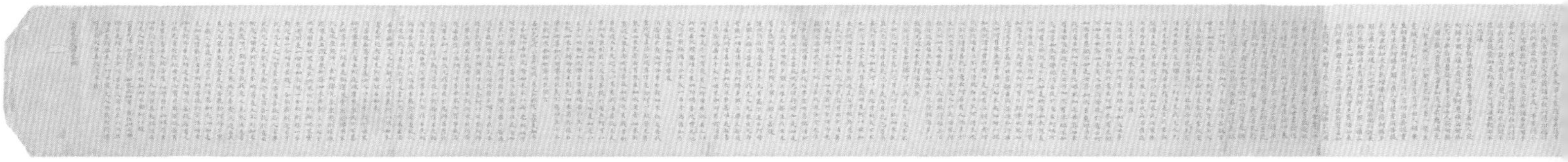

歌利王割截身體我於尒時无我相无人相
无衆生相无壽者相何以故我於往昔節節
支解時若有我相人相衆生相壽者相應生
瞋恨須菩提又念過去於五百世作忍辱仙
人於尒所世无我相无人相无衆生相无壽
者相是故須菩提菩薩應離一切相發阿耨
多羅三藐三菩提心不應住色生心不應住
聲香味觸法生心應生无所住心若心有住
則為非住是故佛說菩薩心不應住色布施
須菩提菩薩為利益一切衆生應如是布施
如來說一切諸相即是非相又說一切衆生
則非衆生須菩提如來是真語者實語者如

BD00182　金剛般若波羅蜜經

則非衆生須菩提如来是真語者實語者如
語者不誑語者不異語者須菩提如来所得
法此法无實无虚須菩提若菩薩心住於法
而行布施如人入闇則无所見若菩薩心不
住法而行布施如人有目日光明照見種種
色須菩提當来之世若有善男子善女人能
於此經受持讀誦則為如来以佛智慧悉知
是人悉見是人皆得成就无量无邊功德
須菩提若有善男子善女人初日分以恒河
沙等身布施中日分復以恒河沙等身布施
後日分亦以恒河沙等身布施如是无量百
千万億劫以身布施若復有人聞此經典信
心不逆其福勝彼何况書寫受持讀誦為人

最上乘者說若有人能受持讀誦廣為人說
如來悉知是人悉見是人皆成就不可量不
可稱无有邊不可思議功德如是人等則為
荷擔如來阿耨多羅三藐三菩提何以故須
菩提若樂小法者著我見人見衆生見壽者
見則於此經不能聽受讀誦為人解說須菩
提在在處處若有此經一切世間天人阿脩
羅所應供養當知此處則為是塔皆應恭敬
作礼圍繞以諸華香而散其處
復次須菩提善男子善女人受持讀誦此經
若為人輕賤是人先世罪業應墮惡道以今
世人輕賤故先世罪業則為消滅當得阿耨
多羅三藐三菩提須菩提我念過去无量阿

多羅三藐三菩提須菩提我念過去无量阿
僧祇劫於然燈佛前得值八百四千万億那
由他諸佛悉皆供養承事无空過者若復有
人於後末世能受持讀誦此經所得功德於
我所供養諸佛功德百分不及一千万億分
乃至筭數譬喻所不能及須菩提若善男子
善女人於後末世有受持讀誦此經所得功
德我若具說者或有人聞心則狂亂狐疑不
信須菩提當知是經義不可思議果報亦不
可思議
尒時須菩提白佛言世尊善男子善女人發
阿耨多羅三藐三菩提心云何應住云何降
伏其心佛告須菩提善男子善女人發阿耨

實滅度者何以故若菩薩有我相人相衆
生相壽者相則非菩薩所以者何須菩提實
无有法發阿耨多羅三藐三菩提者須菩提
於意云何如來於然燈佛所有法得阿耨多
羅三藐三菩提不不也世尊如我解佛所説義
佛於然燈佛所无有法得阿耨多羅三藐三
菩提佛言如是如是須菩提實无有法如來
得阿耨多羅三藐三菩提須菩提若有法如
來得阿耨多羅三藐三菩提然燈佛則不與
我受記汝於來世當得作佛号釋迦牟尼
以實无有法得阿耨多羅三藐三菩提是故
然燈佛與我受記作是言汝於來世當得作
佛号釋迦牟尼何以故如來者即諸法如義

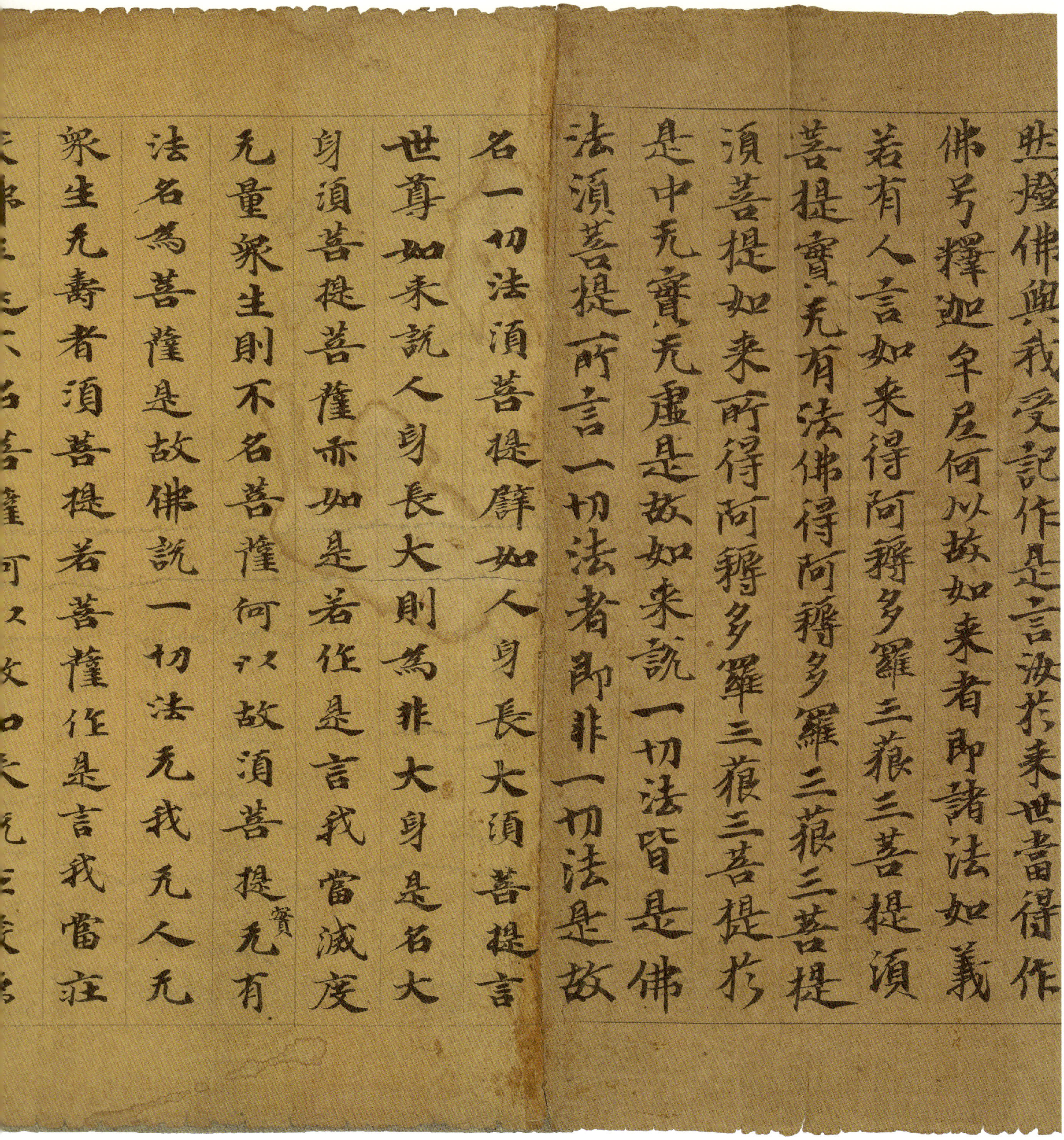

然燈佛與我受記作是言汝於來世當得作
佛号釋迦牟尼何以故如來者即諸法如義
若有人言如來得阿耨多羅三藐三菩提須
菩提實无有法佛得阿耨多羅三藐三菩提
須菩提如來所得阿耨多羅三藐三菩提於
是中无實无虛是故如來說一切法皆是佛
法須菩提所言一切法者即非一切法是故
名一切法須菩提譬如人身長大須菩提言
世尊如來說人身長大則為非大身是名大
身須菩提菩薩亦如是若作是言我當滅度
无量衆生則不名菩薩何以故須菩提實无有
法名為菩薩是故佛說一切法无我无人无
衆生无壽者須菩提若菩薩作是言我當莊
嚴佛土是不名菩薩何以故如來說莊嚴

達无我法者如来説名真是菩薩
須菩提於意云何如来有肉眼不如是世尊
如来有肉眼須菩提於意云何如来有天眼
不如是世尊如来有天眼須菩提於意云何
如来有慧眼不如是世尊如来有慧眼須菩
提於意云何如来有法眼不如是世尊如来
有法眼須菩提於意云何如来有佛眼不如
是世尊如来有佛眼須菩提於意云何恒河
中所有沙佛説是沙不如是世尊如来説是
沙須菩提於意云何如一恒河中所有沙有
如是等恒河是諸恒河所有沙數佛世界如
是寧爲多不甚多世尊佛告須菩提尒所國

是寧為多不甚多世尊佛告須菩提尒所國
土中所有衆生若干種心如来悉知何以故
如来說諸心皆為非心是名為心所以者何
須菩提過去心不可得現在心不可得未来
心不可得須菩提於意云何若有人滿三千
大千世界七寶以用布施是人以是因緣得
福多不如是世尊此人以是因緣得福甚多
須菩提若福德有實如来不說得福德多以
福德无故如来說得福德多
須菩提於意云何佛可以具足色身見不不
也世尊如来不應以色身見何以故如来說
具足色身即非具足色身是名具足色身須

來說諸相具足即非具足是名諸相具足須
菩提汝勿謂如來作是念我當有所說法莫
作是念何以故若人言如來有所說法即為
謗佛不能解我所說故須菩提說法者无法
可說是名說法須菩提白佛言世尊佛得阿
耨多羅三藐三菩提為无所得耶如是如是
須菩提我於阿耨多羅三藐三菩提乃至无
有少法可得是名阿耨多羅三藐三菩提
復次須菩提是法平等无有高下是名阿耨
多羅三藐三菩提以无我无人无衆生无壽
者脩一切善法則得阿耨多羅三藐三菩提
須菩提所言善法者如來說非善法是名善

BD00182　金剛般若波羅蜜經

須菩提所言善法者如来説非善法是名善
法須菩提若三千大千世界中所有諸須弥
山王如是等七寶聚有人持用布施若人以
此般若波羅蜜經乃至四句偈等受持讀誦為他
人説於前福德百分不及一百千萬億分乃
至筭數譬喻所不能及
須菩提於意云何汝等勿謂如来作是念我
當度衆生須菩提莫作是念何以故實无有
衆生如来度者若有衆生如来度者如来則
有我人衆生壽者須菩提如来説有我者則
非有我而凡夫之人以為有我須菩提凡夫
者如来説則非凡夫須菩提於意云何可以

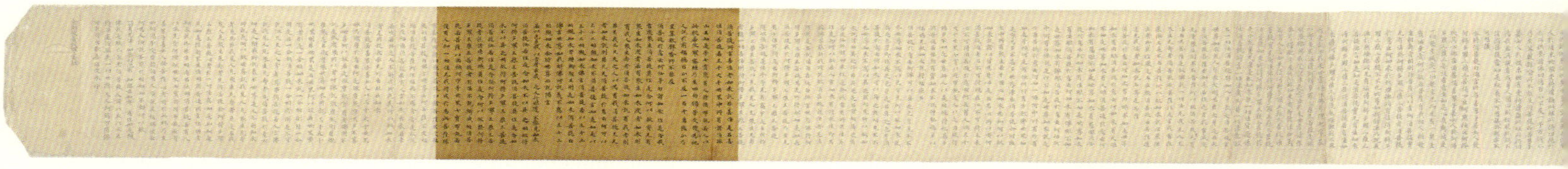

相觀如來者轉輪聖王則是如來須菩提白
佛言世尊如我解佛所說義不應以三十二
相觀如來尒時世尊而說偈言
若以色見我 以音聲求我 是人行邪道 不能見如來
須菩提汝若作是念如來不以具足相故得
阿耨多羅三藐三菩提須菩提莫作是念如
來不以具足相故得阿耨多羅三藐三菩提
須菩提汝若作是念發阿耨多羅三藐三菩
提者說諸法斷滅莫作是念何以故發阿耨
多羅三藐三菩提者於法不說斷滅相須菩
提若菩薩以滿恒河沙等世界七寶布施若
復有人知一切法无我得成於忍此菩薩勝

復有人知一切法无我得成於忍此菩薩勝
前菩薩所得功德須菩提以諸菩薩不受福
德故須菩提白佛言世尊云何菩薩不受福
德須菩提菩薩所作福德不應貪著是故說
不受福德須菩提若有人言如來若來若去
若坐若卧是人不解我所說義何以故如來
者无所從來亦无所去故名如來
須菩提若善男子善女人以三千大千世界
碎為微塵於意云何是微塵衆寧為多不甚
多世尊何以故若是微塵衆實有者佛則不
說是微塵衆所以者何佛說微塵衆則非微
塵衆是名微塵衆世尊如來所說三千大千

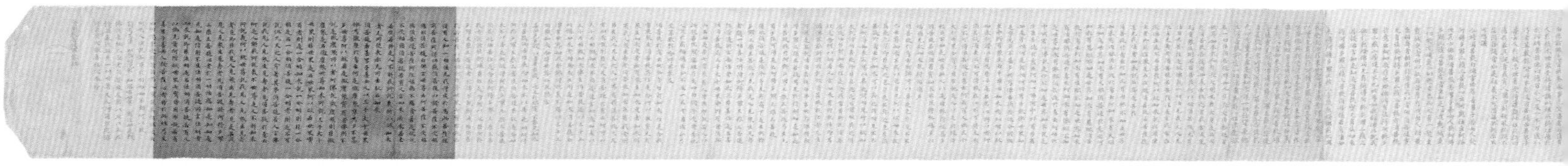

相是名一合相須菩提一合相者則是不可
說但凡夫之人貪著其事須菩提若人言佛
說我見人見衆生見壽者見須菩提於意云
何是人解我所說義不世尊是人不解如來
所說義何以故世尊說我見人見衆生見壽
者見即非我見人見衆生見壽者見是名我
見人見衆生見壽者見須菩提發阿耨多羅
三藐三菩提心者於一切法應如是知如是
見如是信解不生法相須菩提所言法相者
如來說即非法相是名法相須菩提若有人
以滿無量阿僧祇世界七寶持用布施若有
善男子善女人發菩薩心者持於此經乃至

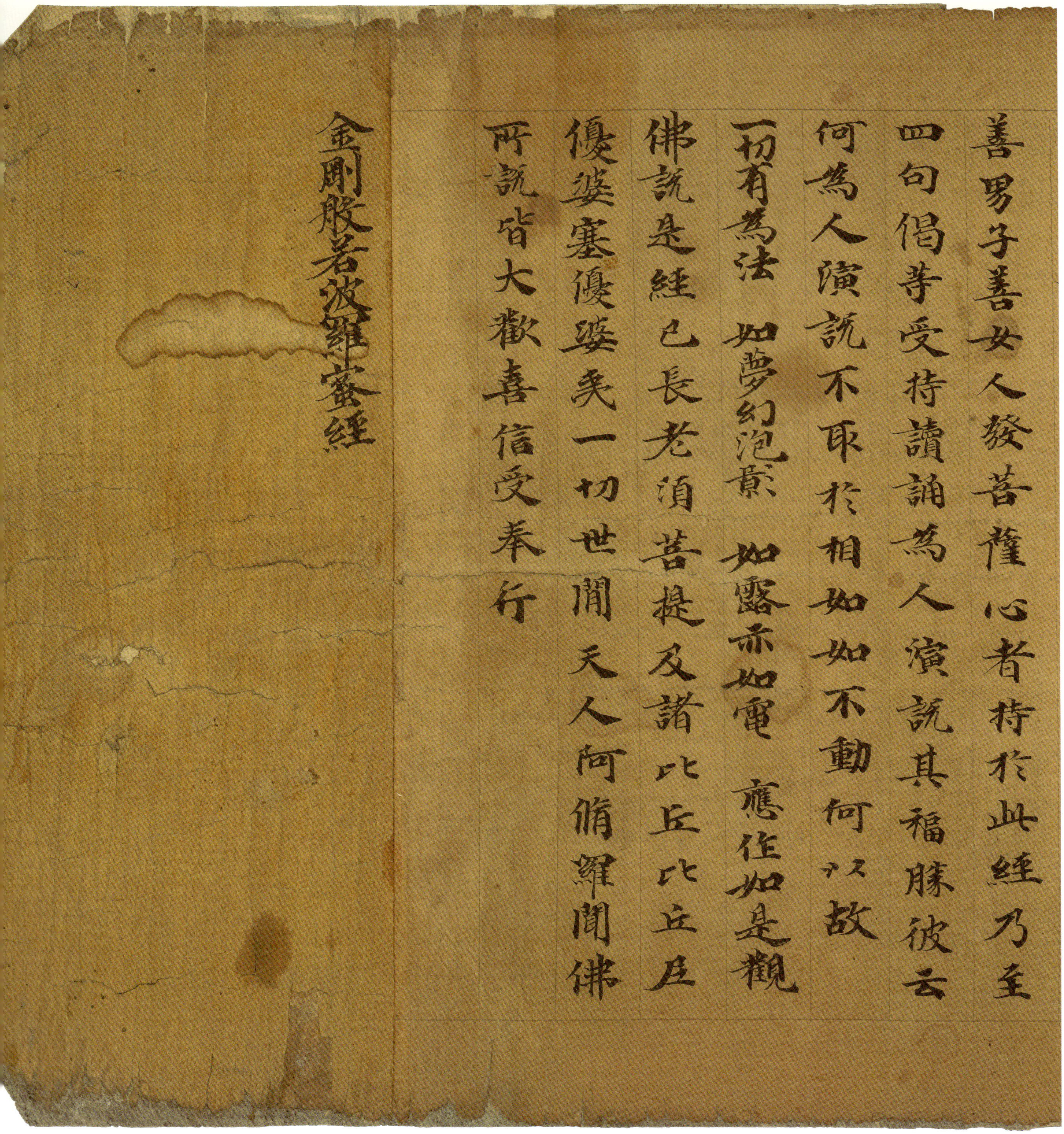

善男子善女人發菩薩心者持於此經乃至
四句偈等受持讀誦為人演說其福勝彼云
何為人演說不取於相如如不動何以故
一切有為法　如夢幻泡影　如露亦如電　應作如是觀
佛說是經已長老須菩提及諸比丘比丘尼
優婆塞優婆夷一切世間天人阿脩羅聞佛
所說皆大歡喜信受奉行

金剛般若波羅蜜經

BD00182　金剛般若波羅蜜經

廣

舍

BD00182v　雜寫

BD00183 妙法蓮華經（八卷本）卷六

（後秦）鳩摩羅什 譯

250.1cm × 26.2cm

以須臾
如是供養者　得无量功德　如
況復持此經　兼布施持戒　忍辱樂禪定　不瞋不惡口
恭敬於塔廟　謙下諸比丘　遠離自高心　常思惟智慧
有問難不瞋　隨義爲解説　若能行是行　功德不可量
若見此法師　成就如是德　應以天華散　天衣覆其身
頭面接足禮　生心如佛想　又應作是念　不久詣道場
得无漏无爲　廣利諸人天　其所住止處　經行若坐臥
乃至説一偈　是中應起塔　莊嚴令妙好　種種以供養
佛子住此地　則是佛受用　常在於其中　經行及坐臥

妙法蓮華經隨喜功德品第十八

爾時彌勒菩薩摩訶薩白佛言世尊若有善
男子善女人聞是法華經隨喜者得幾所福

尒時佛告弥勒菩薩摩訶薩阿逸多如来滅
後若比丘比丘尼優婆塞優婆夷及餘智者
若長若幼聞是經隨喜已從法會出至於餘
處若在僧坊若空閑地若城邑巷陌聚落田
里如其所聞為父母宗親善友知識隨力演
說是諸人等聞已隨喜復行轉教餘人聞已
亦隨喜轉教如是展轉至第五十阿逸多其
第五十善男子善女人隨喜功德我今說之
汝當善聽若四百万億阿僧祇世界六趣四
生衆生卵生胎生濕生化生若有形无形有
想无想非有想非无想无足二足四足多足
如是等在衆生數者有人求福隨其所欲娛
樂之具皆給與之一一衆生與滿閻浮提金

BD00183　妙法蓮華經（八卷本）卷六

樂之具皆給與之一一衆生與滿閻浮提金
銀瑠璃車𤦲馬瑙珊瑚虎珀諸妙珎寶及象
馬車乘七寶所成宮殿樓閣等是大施主如
是布施滿八十年已而作是念我已施衆生娛
樂之具隨意所欲然此衆生皆已衰老年過
八十髮白面皺將死不久我當以佛法而訓
導之即集此衆生宣布法化示教利喜一時
皆得須陁洹道斯陁含道阿那含道阿羅漢
道盡諸有漏於深禪定皆得自在具八解脫
於汝意云何是大施主所得功德寧爲多不
弥勒白佛言世尊是人功德甚多无量无邊
若是施主但施衆生一切樂具功德无量何
況令得阿羅漢果佛告弥勒我今分明語汝

如是第五十人聞法華經一偈隨喜功德百
分千分百千万億分不及其一乃至筭數譬
喻所不能知阿逸多如是第五十人展轉聞
法華經隨喜功德尚无量无邊阿僧祇何況
最初於會中聞而隨喜者其福復勝无量无
邊阿僧祇不可得比又阿逸多若人為是經
故往詣僧坊若坐若立須臾聽受緣是功德
轉身所生得好上妙象馬車乘珎寶輦輿及
乘天宮若復有人於講法處坐更有人來勸
令坐聽若分座令坐是人功德轉身得帝釋
坐處若梵天王坐處若轉輪聖王所坐之處
阿逸多若復有人語餘人言有經名法華可
共往聽即受其教乃至須臾間聞是人功德

共往聽即受其教乃至須臾聞聞是人功德
轉身得與陁羅尼菩薩共生一處利根智慧
百千万世終不瘖瘂口氣不臭舌常无病口
亦无病齒不垢黑不黄不踈亦不缺落不差
不曲脣不下垂亦不褰縮不麁澀不瘡緊亦
不缺壞亦不喎邪不厚不大亦不梨黑无諸
可惡鼻不匾䏲亦不曲戾面色不黑亦不狹
長亦不窪曲无有一切不可喜相脣舌牙齒
悉皆嚴好鼻脩高直面貌圓滿眉高而長額
廣平正人相具足世世所生見佛聞法信受
教誨阿逸多汝且觀是勸於一人令往聽法
功德如此何況一心聽說讀誦而於大衆為
人分別如說脩行尒時世尊欲重宣此義而

如是展轉教　至于第五十　㝡後人獲福　今當分別之
如有大施主　供給无量衆　具滿八十歲　隨意之所欲
見彼衰老相　髮白而面皺　齒踈形枯竭　念其死不久
我今應當教　令得於道果　即為方便說　涅槃真實法
世皆不牢固　如水沫泡焰　汝等咸應當　疾生厭離心
諸人聞是法　皆得阿羅漢　具足六神通　三明八解脫
㝡後第五十　聞一偈隨喜　是人福勝彼　不可為譬喻
如是展轉聞　其福尚无量　何況於法會　初聞隨喜者
若有勸一人　將引聽法華　言此經深妙　千万劫難遇
即受教往聽　乃至須臾聞　斯人之福報　今當分別說
世世无口患　齒不踈黃黑　脣不厚褰缺　无有可惡相
舌不乾黑短　鼻高脩且直　額廣而平正　面目悉端嚴
為人所喜見　口氣无臭穢　優鉢華之香　常從其口出

舌不乾黑短　鼻高修且直　額廣而平正　面目悉端嚴
為人所喜見　口氣无臭穢　優鉢華之香　常從其口出
若故詣僧坊　欲聽法華經　須臾聞歡喜　今當說其福
後生天人中　得妙象馬車　珎寶之輦轝　及乘天宮殿
若扵講法處　勸人坐聽經　是福因緣得　釋梵轉輪座
何況一心聽　解說其義趣　如說而脩行　其福不可限

妙法蓮華經法師功德品第十九

尒時佛告常精進菩薩摩訶薩若善男子善
女人受持是法華經若讀若誦若解說若書
寫是人當得八百眼功德千二百耳功德八
百鼻功德千二百舌功德八百身功德千二
百意功德以是功德莊嚴六根皆令清淨是
善男子善女人父母所生清淨肉眼見扵三
千大千世界內外所有山林河海下至阿鼻

義而說偈言

若於大衆中　以无所畏心　說是法華經　汝聽其功德

是人得八百　功德殊勝眼　以是莊嚴故　其目甚清淨

父母所生眼　悉見三千界　内外弥樓山　須弥及鐵圍

并諸餘山根　大海江河水　下至阿鼻獄　上至有頂天

其中諸衆生　一切皆悉見　雖未得天眼　肉眼力如是

復次常精進若善男子善女人受持此經若讀若誦若解若說若書寫得千二百耳功德以是清淨耳聞三千大千世界下至阿鼻地獄上至有頂其中内外種種語言音聲象聲馬聲牛聲車聲啼哭聲愁嘆聲螺聲鼓聲鍾聲鈴聲笑聲語聲男聲女聲童子聲童女聲法聲非法聲苦聲樂聲凡夫聲聖人聲喜聲不

鈴聲咲聲語聲男聲女聲童子聲童女聲法
聲非法聲苦聲樂聲凡夫聲聖人聲喜聲不
喜聲天聲龍聲夜叉聲乹闥婆聲阿脩羅聲
迦樓羅聲緊那羅聲摩睺羅伽聲火聲水聲
風聲地獄聲畜生聲餓鬼聲比丘聲比丘尼
聲聲聞聲辟支佛聲菩薩聲佛聲以要言之
三千大千世界中一切內外所有諸聲雖未
得天耳以父母所生清淨常耳皆悉聞知如
是分別種種音聲而不壞耳根尒時世尊欲
重宣此義而說偈言
父母所生耳　清淨无濁穢　以此常耳聞　三千世界聲
象馬車牛聲　鍾鈴蠡鼓聲　琴瑟箜篌聲　簫笛之音聲
清淨好歌聲　聽之而不著　无數種人聲　聞悉能解了

地獄衆苦痛　種種楚毒聲　餓鬼飢渴逼　求索飲食聲
諸阿脩羅等　居在大海邊　自共言語時　出于大音聲
如是說法者　安住於此間　遥聞是衆聲　而不壞耳根
十方世界中　禽獸鳴相呼　其說法之人　於此悉聞之
其諸梵天上　光音及遍淨　乃至有頂天　言語之音聲
法師住於此　悉皆得聞之　一切比丘衆　及諸比丘尼
若讀誦經典　若為他人說　法師住於此　悉皆得聞之
復有諸菩薩　讀誦於經法　若為他人說　撰集解其義
如是諸音聲　悉皆得聞之　諸佛大聖尊　教化衆生者
於諸大會中　演說微妙法　持此法華者　悉皆得聞之
三千大千界　內外諸音聲　下至阿鼻獄　上至有頂天
皆聞其音聲　而不壞耳根　其耳聰利故　悉能分別知
持是法華者　雖未得天耳　但用所生耳　功德已如是

持是法華者　雖未得天耳　但用所生耳　功德已如是
復次常精進若善男子善女人受持是經若
讀若誦若解說若書寫成就八百鼻功德以
是清淨鼻根聞於三千大千世界上下內外
種種諸香須曼那華香闍提華香末利華香
瞻蔔華香波羅羅華香赤蓮華香青蓮華香
白蓮華香華樹香菓樹香栴檀香沉水香多
跋香多伽羅香及千万種和香若末若
持是經者於此間住悉能分別又
馬香牛羊

BD00184 妙法蓮華經卷四

（後秦）鳩摩羅什 譯

1042.5cm×26cm

淨佛
生漸漸具足菩薩之
道過无量阿僧祇
於此土得阿耨多羅
三藐三菩提
如來應供正遍知明
行足善逝世間
无上士調御丈夫天人師
佛世尊其佛以恒河沙等三千大千世界為
一佛土七寶為地地平如掌无有山陵谿澗
溝壑七寶臺觀充滿其中諸天宮殿近處虛
空人天交接兩得相見无諸惡道亦无女人
一切衆生皆以化生无有婬欲得大神通身
出光明飛行自在志念堅固精進智慧普皆
金色三十二相而自莊嚴其國衆生常以二
食一者法喜食二者禪悅食有无量阿僧祇
千万億那由他諸菩薩衆得大神通四无礙

佛國土有如是等无量功德莊嚴成就劫名
寶明國名善淨其佛壽命无量阿僧祇劫法
住甚久佛滅度後起七寶塔遍滿其國尒
世尊欲重宣此義而說偈言
諸比丘諦聽　佛子所行道　善學方便故　不可得思議
知衆樂小法　而畏於大智　是故諸菩薩　作聲聞緣覺
以无數方便　化諸衆生類　自說是聲聞　去佛道甚遠
度脫无量衆　皆悉得成就　雖小欲懈怠　漸當令作佛
內秘菩薩行　外現是聲聞　少欲猒生死　實自淨佛土
示衆有三毒　又現邪見相　我弟子如是　方便度衆生
若我具足說　種種現化事　衆生聞是者　心則懷疑惑
今此富樓那　於昔千億佛　勤脩所行道　宣護諸佛法
為求无上慧　而於諸佛所　現居弟子上　多聞有智慧
所說无所畏　能令衆歡喜　未曾有疲惓　而以助佛事

所說无所畏　能令衆歡喜　未曾有疲惓　而以助佛事
已度大神通　具四无礙智　知衆根利鈍　常說清淨法
演暢如是義　教諸千億衆　令住大乘法　而自淨佛土
未來亦供養　无量无數佛　護助宣正法　亦自淨佛土
常以諸方便　說法无所畏　度不可計衆　成就一切智
供養諸如來　護持法寶藏　其後當作佛　号名曰法明
其國名善淨　七寶所合成　劫名爲寶明　菩薩衆甚多
其數无量億　皆度大神通　威德力具足　充滿其國土
聲聞亦无數　三明八解脫　得四无礙智　以是等爲僧
其國諸衆生　婬欲皆已斷　純一變化生　具相莊嚴身
法喜禪悅食　更无餘食想　无有諸女人　亦无諸惡道
富樓那比丘　功德悉成滿　當得斯淨土　賢聖衆甚多
如是无量事　我今但略說
尒時千二百阿羅漢心自在者作是念我等

迦葉是千二百阿羅漢我今當現前次第與
受阿耨多羅三藐三菩提記於此衆中我大
弟子憍陳如比丘當供養六万二千億佛然
後得成爲佛号曰普明如來應供正遍知明
行足善逝世間解无上士調御丈夫天人師
佛世尊其五百阿羅漢優樓頻螺迦葉伽耶
迦葉那提迦葉迦留陁夷優陁夷阿㝹樓䭾
離婆多劫賓那薄拘羅周陁莎伽陁等皆當
得阿耨多羅三藐三菩提盡同一号名曰普
明尒時世尊欲重宣此義而說偈言

憍陳如比丘　當見无量佛　過阿僧祇劫　乃成等正覺
常放大光明　具足諸神通　名聞遍十方　一切之所敬
常說无上道　故号爲普明　其國土清淨　菩薩皆勇猛
咸昇妙樓閣　遊諸十方國　以无上供具　奉獻於諸佛

咸共妙樓閣　遊諸十方國　以无上供具　奉獻於諸佛
作是供養已　心懷大歡喜　須臾還本國　有如是神力
佛壽六万劫　正法住倍壽　像法復倍是　法滅天人憂
其五百比丘　次第當作佛　同号曰普明　轉次而授記
我滅度之後　某甲當作佛　其所化世間　亦如我今日
國土之嚴淨　及諸神通力　菩薩聲聞衆　正法及像法
壽命劫多少　皆如上所說　迦葉汝已知　五百自在者
餘諸聲聞衆　亦當復如是　其不在此會　汝當為宣說
尒時五百阿羅漢於佛前得受記已歡喜踊
躍即從座起到於佛前頭面礼足悔過自責
世尊我等常作是念自謂已得究竟滅度今
乃知之如无智者所以者何我等應得如來
智慧而便自以小智為足世尊譬如有人至
親友家醉酒而卧是時親友官事當行以无

索甚大艱難若少有所得便以為足於後親
友會遇見之而作是言咄哉丈夫何為衣食
乃至如是我昔欲令汝得安樂五欲自恣於
某年日月以无價寶珠繫汝衣裏今故現在
而汝不知勤苦憂惱以求自活甚為癡也汝
今可以此寶貿易所須常可如意无所乏短
佛亦如是為菩薩時教化我等令發一切智
心而尋廢忘不知不覺既得阿羅漢道自謂
滅度資生艱難得少為足一切智願猶在不
失今者世尊覺悟我等作如是言諸比丘汝
等所得非究竟滅我久令汝等種佛善根以
方便故示涅槃相而汝謂為實得滅度世尊
我今乃知實是菩薩得受阿耨多羅三藐三
菩提記以是因緣甚大歡喜得未曾有尒時

菩提記以是因緣甚大歡喜得未曾有尒時
阿若憍陳如等欲重宣此義而說偈言

我等聞无上　安隱授記聲　歡喜未曾有　礼无量智佛
今於世尊前　自悔諸過咎　於无量佛寶　得少涅槃分
如无智愚人　便自以為足　譬如貧窮人　往至親友家
其家甚大富　具設諸餚饍　以无價寶珠　繫著內衣裏
嘿與而捨去　時卧不覺知　是人既已起　遊行詣他國
求衣食自濟　資生甚艱難　得少便為足　更不願好者
不覺內衣裏　有无價寶珠　與珠之親友　後見此貧人
苦切責之已　示以所繫珠　貧人見此珠　其心大歡喜
富有諸財物　五欲而自恣　我等亦如是　世尊於長夜
常愍見教化　令種无上願　我等无智故　不覺亦不知
得少涅槃分　自足不求餘　今佛覺悟我　言非實滅度
得佛无上慧　尒乃為真滅　我今從佛聞　授記莊嚴事

妙法蓮華經授學无學人記品第九

尒時阿難羅睺羅而作是念我等每自思惟
設得受記不亦快乎即從座起到於佛前頭
面礼足俱白佛言世尊我等於此亦應有分
唯有如來我等所歸又我等為一切世間天
人阿脩羅所見知識阿難常為侍者護持法
藏羅睺羅是佛之子若佛見授阿耨多羅三
藐三菩提記者我願既滿衆望亦足尒時學
无學聲聞弟子二千人皆從座起偏袒右肩
到於佛前一心合掌瞻仰世尊如阿難羅睺
羅所願住立一面尒時佛告阿難汝於來世
當得作佛号山海慧自在通王如來應供正
遍知明行足善逝世間解无上士調御丈夫
天人師佛世尊當供養六十二億諸佛護持
法藏然後得阿耨多羅三藐三菩提教化二

法藏然後得阿耨多羅三藐三菩提教化二
十千万億恒河沙諸菩薩等令成阿耨多羅
三藐三菩提國名常立勝幡其土清淨瑠璃
爲地劫名妙音遍滿其佛壽命无量千万億
阿僧祇劫若人於千万億无量阿僧祇劫中
筭數校計不能得知正法住世倍於壽命像
法住世復倍正法阿難是山海慧自在通王
佛爲十方无量千万億恒河沙等諸佛如來
所共讚歎稱其功德尒時世尊欲重宣此義
而說偈言

我今僧中說　阿難持法者　當供養諸佛　然後成正覺
号曰山海慧　自在通王佛　其國土清淨　名常立勝幡
教化諸菩薩　其數如恒河　佛有大威德　名聞滿十方
壽命无有量　以愍衆生故　正法倍壽命　像法復倍是

等尚不聞諸大菩薩得如是記有何因緣而
諸聲聞得如是決尒時世尊知諸菩薩心之
所念而告之曰諸善男子我與阿難等於空
王佛所同時發阿耨多羅三藐三菩提心阿
難常樂多聞我常勤精進是故我已得成阿
耨多羅三藐三菩提而阿難護持我法亦護
將來諸佛法藏教化成就諸菩薩衆其本願
如是故獲斯記阿難面於佛前自聞授記及
國土莊嚴所願具足心大歡喜得未曾有即
時憶念過去无量千万億諸佛法藏通達无
礙如今所聞亦識本願尒時阿難而說偈言
世尊甚希有　令我念過去　无量諸佛法　如今日所聞
我今无復疑　安住於佛道　方便爲侍者　護持諸佛法
尒時佛告羅睺羅汝於來世當得作佛号蹈

尒時佛告羅睺羅汝於來世當得作佛号蹈
七寶華如來應供正遍知明行足善逝世間
解无上士調御丈夫天人師佛世尊當供養
十世界微塵等數諸佛如來常為諸佛而作
長子猶如今也是蹈七寶華佛國土莊嚴壽
命劫數所化弟子正法像法亦如山海慧自
在通王如來无異亦為此佛而作長子過是
已後當得阿耨多羅三藐三菩提尒時世尊
欲重宣此義而說偈言
我為太子時　羅睺為長子　我今成佛道　受法為法子
於未來世中　見无量億佛　皆為其長子　一心求佛道
羅睺羅密行　唯我能知之　現為我長子　以示諸衆生
无量億千万　功德不可數　安住於佛法　以求无上道
尒時世尊見學无學二千人其意柔軟寂然

十世界微塵數諸佛如來恭敬尊重護持法
藏末後同時於十方國各得成佛皆同一号
名曰寶相如來應供正遍知明行足善逝世
間解无上士調御丈夫天人師佛世尊壽命
一劫國土莊嚴聲聞菩薩正法像法皆悉同
等尒時世尊欲重宣此義而說偈言
是二千聲聞　今於我前住　悉皆與受記　未來當成佛
所供養諸佛　如上說塵數　護持其法藏　後當成正覺
各於十方國　悉同一名号　俱時坐道場　以證无上慧
皆名爲寶相　國土及弟子　正法與像法　悉等无有異
咸以諸神通　度十方衆生　名聞普周遍　漸入於涅槃
尒時學无學二千人聞佛授記歡喜踊躍而
說偈言
世尊慧燈明　我聞授記音　心歡喜充滿　如甘露見灌

世尊慧燈明　我聞授記音　心歡喜充滿　如甘露見灌

妙法蓮華經法師品第十

尒時世尊因藥王菩薩告八万大士藥王汝
見是大衆中无量諸天龍王夜叉乹闥婆阿
脩羅迦樓羅緊那羅摩睺羅伽人與非人及
比丘比丘尼優婆塞優婆夷求聲聞者求辟
支佛者求佛道者如是等類咸於佛前聞妙
法華經一偈一句乃至一念隨喜者我皆
與受記當得阿耨多羅三藐三菩提佛告藥王
又如來滅後之後若有人聞妙法華經乃至
一偈一句一念隨喜者我亦與受阿耨多羅
三藐三菩提記若復有人受持讀誦解說書
寫妙法華經乃至一偈於此經卷敬視如佛
種種供養華香瓔珞末香塗香燒香繒蓋幢

願愍衆生故生此人間藥王若有人問何等
衆生於未來世當得作佛應示是諸人等於
未來世必得作佛何以故若善男子善女人
於法華經乃至一句受持讀誦解說書寫種
種供養經卷華香瓔珞末香塗香燒香繒蓋
幢幡衣服伎樂合掌恭敬是人一切世間所
應瞻奉應以如來供養而供養之當知此人
是大菩薩成就阿耨多羅三藐三菩提哀愍
衆生願生此間廣演分別妙法華經何況盡
能受持種種供養者藥王當知是人自捨清
淨業報於我滅度後愍衆生故生於惡世廣
演此經若是善男子善女人我滅度後能竊
為一人說法華經乃至一句當知是人則如
來使如來所遣行如來事何況於大衆中廣

来使如来所遣行如来事何况於大衆中廣
為人說藥王若有惡人以不善心於一劫中
現於佛前常毀罵佛其罪尚輕若人以一惡
言毀呰在家出家讀誦法華經者其罪甚重
藥王其有讀誦法華經者當知是人以佛莊
嚴而自莊嚴則為如来肩所荷擔其所至方
應隨向礼一心合掌恭敬供養尊重讚歎華
香瓔珞末香塗香燒香繒蓋幢幡衣服餚饌
作諸伎樂人中上供而供養之應持天寶而
以散之天上寶聚應以奉獻所以者何是人
歡喜說法須臾聞之即得究竟阿耨多羅三
藐三菩提故尒時世尊欲重宣此義而說偈
言
若欲住佛道　成就自然智　常當勤供養　受持法華者

諸有能受持　妙法華經者　捨於清淨土　愍衆故生此
當知如是人　自在所欲生　能於此惡世　廣說无上法
應以天華香　及天寶衣服　天上妙寶聚　供養說法者
吾滅後惡世　能持是經者　當合掌禮敬　如供養世尊
上饌衆甘美　及種種衣服　供養是佛子　兾得須臾聞
若能於後世　受持是經者　我遣在人中　行於如來事
若於一劫中　常懷不善心　作色而罵佛　獲无量重罪
其有誦讀持　是法華經者　須臾加惡言　其罪復過彼
有人求佛道　而於一劫中　合掌在我前　以无數偈讚
由是讚佛故　得无量功德　歎美持經者　其福復過彼
於八十億劫　以㝡妙色聲　及與香味觸　供養持經者
如是供養已　若得須臾聞　則應自欣慶　我今獲大利
藥王今告汝　我所說諸法　而於此經中　法華㝡第一
尒時佛復告藥王菩薩摩訶薩我所說經典

尒時佛復告藥王菩薩摩訶薩我所說經典
无量千億已說今說當說而於其中此法華
經最為難信難解藥王此經是諸佛秘要之
藏不可分布妄授與人諸佛世尊之所守護
從昔已來未曾顯說而此經者如來現在猶
多怨嫉況滅度後藥王當知如來滅後其能
書持讀誦供養為他人說者如來則為以衣
覆之又為他方現在諸佛之所護念是人有
大信力及志願力諸善根力當知是人與如
來共宿則為如來手摩其頭藥王在在處處
若說若讀若誦若書若經卷所住處皆應起
七寶塔極令高廣嚴飾不須復安舍利所以
者何此中已有如來全身此塔應以一切華
香瓔珞繒蓋幢幡伎樂歌頌供養恭敬尊重

家出家行菩薩道若不能得見聞讀誦書持
供養是法華經者當知是人未善行菩薩道
若有得聞是經典者乃能善行菩薩之道其
有衆生求佛道者若見若聞是法華經聞已
信解受持者當知是人得近阿耨多羅三藐
三菩提藥王譬如有人渴乏須水於彼高原
穿鑿求之猶見乾土知水尚遠施功不已轉
見濕土遂漸至泥其心決定知水必近菩薩
亦復如是若未聞未解未能修習是法華經
當知是人去阿耨多羅三藐三菩提尚遠若
得聞解思惟修習必知得近阿耨多羅三藐
三菩提所以者何一切菩薩阿耨多羅三藐
三菩提皆屬此經此經開方便門示真實
相是法華經藏深固幽遠无人能到今佛教化

相是法華經藏深固幽遠无人能到今佛教化
成就菩薩而為開示藥王若有菩薩聞是法
華經驚疑怖畏當知是為新發意菩薩若聲
聞人聞是經驚疑怖畏當知是為增上慢者
藥王若有善男子善女人如來滅後欲為四
衆說是法華經者云何應說是善男子善女
人入如來室著如來衣坐如來座尒乃應為
四衆廣說斯經如來室者一切衆生中大慈
悲心是如來衣者柔和忍辱心是如來座者
一切法空是安住是中然後以不懈怠心為
諸菩薩及四衆廣說是法華經藥王我於餘
國遣化人為其集聽法衆亦遣化比丘比丘
尼優婆塞優婆夷聽其說法是諸化人聞法
信受隨順不逆若說法者在空閑處我時廣

經忘失句逗我還為說令得具足尒時世尊
欲重宣此義而說偈言
欲捨諸懈怠　應當聽此經　是經難得聞　信受者亦難
如人渴須水　穿鑿於高原　猶見乾燥土　知去水尚遠
漸見濕土泥　決定知近水　藥王汝當知　如是諸人等
不聞法華經　去佛智甚遠　若聞是深經　決了聲聞法
是諸經之王　聞已諦思惟　當知此人等　近於佛智慧
若人說此經　應入如來室　著於如來衣　而坐如來座
處衆无所畏　廣為分別說　大慈悲為室　柔和忍辱衣
諸法空為座　處此為說法　若說此經時　有人惡口罵
加刀杖瓦石　念佛故應忍　我千万億土　現淨堅固身
於无量億劫　為衆生說法　若我滅度後　能說此經者
我遣化四衆　比丘比丘尼　及清信士女　供養於法師
引導諸衆生　集之令聽法　若人欲加惡　刀杖及瓦石

引導諸衆生　集之令聽法　若人欲加惡　刀杖及瓦石
則遣變化人　爲之作衛護　若說法之人　獨在空閑處
寂寞无人聲　讀誦此經典　我尒時爲現　清淨光明身
若忘失章句　爲說令通利　若人具是德　或爲四衆說
空處讀誦經　皆得見我身　若人在空閑　我遣天龍王
夜叉鬼神等　爲作聽法衆　是人樂說法　分別无罣礙
諸佛護念故　能令大衆喜　若親近法師　速得菩薩道
隨順是師學　得見恒沙佛

妙法蓮華經見寶塔品第十一

尒時佛前有七寶塔高五百由旬縱廣二百
五十由旬從地踊出住在空中種種寶物而
莊校之五千欄楯龕室千万无數幢幡以爲
嚴飾垂寶瓔珞寶鈴万億而懸其上四面皆
出多摩羅跋栴檀之香充遍世界其諸幡蓋

養寶塔餘諸天龍夜叉乾闥婆阿脩羅迦樓
羅緊那羅摩睺羅伽人非人等千万億衆以
一切華香瓔珞幡蓋伎樂供養寶塔恭敬尊
重讚歎尒時寶塔中出大音聲歎言善哉善
哉釋迦牟尼世尊能以平等大慧教菩薩法
佛所護念妙法華經為大衆說如是如是釋
迦牟尼世尊如所說者皆是真實尒時四衆
見大寶塔住在空中又聞塔中所出音聲皆
得法喜恠未曾有從座而起恭敬合掌却住
一面尒時有菩薩摩訶薩名大樂說知一切
世間天人阿脩羅等心之所疑而白佛言世
尊以何因緣有此寶塔從地踊出又於其中
發是音聲尒時佛告大樂說菩薩此寶塔中
有如來全身乃往過去東方无量千万億阿

有如來全身乃往過去東方無量千万億阿
僧祇世界國名寶淨彼中有佛号曰多寶其
佛行菩薩道時作大誓願若我成佛滅度之
後於十方國土有說法華經處我之塔廟爲
聽是經故踊現其前爲作證明讚言善哉彼
佛成道已臨滅度時於天人大衆中告諸比
丘我滅度後欲供養我全身者應起一大塔
其佛神通願力十方世界在在處處若有說
法華經者彼之寶塔皆踊出其前全身在於
塔中讚言善哉善哉大樂說今多寶如來塔
聞說法華經故從地踊出讚言善哉善哉是
時大樂說菩薩以如來神力故白佛言世尊
我等願欲見此佛身佛告大樂說菩薩摩訶
薩是多寶佛有深重願若我寶塔爲聽法華
經故出於諸佛前時其有欲以我

集一處然後我身乃出現耳大樂說我分身
諸佛在於十方世界說法者今應當集大樂
說白佛言世尊我等亦願欲見世尊分身諸
佛礼拜供養尒時佛放白毫一光即見東方
五百万億那由他恒河沙等國土諸佛彼諸
國土皆以頗梨為地寶樹寶衣以為莊嚴无
數千万億菩薩充滿其中遍張寶幔寶網羅
上彼國諸佛以大妙音而說諸法及見无量
万億菩薩遍滿諸國為衆說法南西北方四維
上下白毫相光所照之處亦復如是尒時
十方諸佛各告衆菩薩言善男子我今應往
娑婆世界釋迦牟尼佛所并供養多寶如來
寶塔時娑婆世界即變清淨瑠璃為地寶樹
莊嚴黄金為繩以界八道无諸聚落村營城

莊嚴黄金爲繩以界八道无諸聚落村營城
邑大海江河山川林藪燒大寶香曼陁羅華
遍布其地以寶網幔羅覆其上懸諸寶鈴唯
留此會衆移諸天人置於他土是時諸佛各
将一大菩薩以爲侍者至娑婆世界各到寶
樹下一一寶樹高五百由旬枝葉華菓次弟
莊嚴諸寶樹下皆有師子之座高五由旬亦
以大寶而校飾之尒時諸佛各於此座結跏
趺坐如是展轉遍滿三千大千世界而於釋
迦牟尼佛一方所分之身猶故未盡時釋迦
牟尼佛欲容受所分身諸佛故八方各更變
二百万億那由他國皆令清淨无有地獄餓
鬼畜生及阿脩羅又移諸天人置於他土所
化之國亦以瑠璃爲地寶樹莊嚴樹高五百

座高五由旬種種諸寶以為莊校亦无大海
江河及目真隣陁山摩訶目真隣陁山鐵圍
山大鐵圍山須弥山等諸山王通為一佛國
土寶地平正寶交露幔遍覆其上懸諸幡蓋
燒大寶香諸天寶華遍布其地釋迦牟尼佛
為諸佛當來坐故復於八方各變二百万億
那由他國皆令清淨无有地獄餓鬼畜生及
阿脩羅又移諸天人置於他土所化之國亦
以瑠璃為地寶樹莊嚴樹高五百由旬枝葉
華菓次第莊嚴樹下皆有寶師子座高五由
旬亦以大寶而校飾之亦无大海江河及目
真隣陁山摩訶目真隣陁山鐵圍山大鐵圍
山須弥山等諸山王通為一佛國土寶地平
正寶交露幔遍覆其上懸諸幡蓋燒大寶香
諸天寶華遍布其地尒時東方釋迦牟尼所

諸天寶華遍布其地尒時東方釋迦牟尼所
分之身百千万億那由他恒河沙等國土中
諸佛各各說法来集於此如是次第十方諸
佛皆悉来集坐於八方尒時一一方四百万
億那由他國土諸佛如来遍滿其中是時諸
佛各在寶樹下坐師子座皆遣侍者問訊釋
迦牟尼佛各齎寶華滿掬而告之言善男子
汝往詣耆闍崛山釋迦牟尼佛所如我辭曰
少病少惱氣力安樂及菩薩聲聞衆悉安隱
不以此寶華散佛供養而作是言彼某甲佛
與欲開此寶塔諸佛遣使亦復如是尒時釋
迦牟尼佛見所分身佛悉已来集各各坐於
師子之座皆聞諸佛與欲同開寶塔即從座
起住虛空中一切四衆起立合掌一心觀佛

見多寶如來於寶塔中坐師子座全身不散
如入禪定又聞其言善哉善哉釋迦牟尼佛
快說是法華經我為聽是經故而來至此尒
時四衆等見過去无量千万億劫滅度佛說
如是言歎未曾有以天寶華聚散多寶佛
及釋迦牟尼佛上尒時多寶佛於寶塔中分
半坐與釋迦牟尼佛而作是言釋迦牟尼佛
可就此座即時釋迦牟尼佛入其塔中坐其半
座結跏趺坐尒時大衆見二如來在七寶塔
中師子座上結跏趺坐各作是念佛座高遠
唯願如來以神通力令我等輩俱處虛空即
時釋迦牟尼佛以神通力接諸大衆皆在虛
空以大音聲普告四衆誰能於此娑婆國土
廣說妙法華經今正是時如來不久當入涅

廣說妙法華經 令正是時 如來不久當入涅
槃 佛欲以此妙法華經付囑有在 尒時世尊
欲重宣此義而說偈言
聖主世尊 雖久滅度 在寶塔中 尚為法來
諸人云何 不勤為法 此佛滅度 无央數劫
處處聽法 以難遇故 彼佛本願 我滅度後
在在所往 常為聽法 又我分身 无量諸佛
如恒沙等 來欲聽法 及見滅度 多寶如來
各捨妙土 及弟子眾 天人龍神 諸供養事
令法久住 故來至此 為坐諸佛 以神通力
移无量眾 令國清淨 諸佛各各 詣寶樹下
如清涼池 蓮華莊嚴 其寶樹下 諸師子座
佛坐其上 光明嚴飾 如夜闇中 燃大炬火
身出妙音 遍十方國 眾生蒙薰 喜不自勝

今於佛前　自說誓言　其多寶佛　雖久滅度
以大誓願　而師子吼　多寶如來　及與我身
所集化佛　當知此意　諸佛子等　誰能護法
當發大願　令得久住　其有能護　此經法者
則為供養　我及多寶　此多寶佛　處於寶塔
常遊十方　為是經故　亦復供養　諸來化佛
莊嚴光飾　諸世界者　若說此經　則為見我
多寶如來　及諸化佛　諸善男子　各諦思惟
此為難事　宜發大願　諸餘經典　數如恒沙
雖說此等　未足為難　若接須彌　擲置他方
无數佛土　亦未為難　若以足指　動大千界
遠擲他國　亦未為難　若立有頂　為眾演說
无量餘經　亦未為難　若佛滅後　於惡世中
能說此經　是則為難　假使有人　手把虛空

能說此經　是則為難　假使有人　手把虛空
而以遊行　亦未為難　於我滅後　若自書持
若使人書　是則為難　若以大地　置足甲上
昇於梵天　亦未為難　佛滅度後　於惡世中
暫讀此經　是則為難　假使劫燒　擔負乾草
入中不燒　亦未為難　我滅度後　若持此經
為一人說　是則為難　若持八万　四千法藏
十二部經　為人演說　令諸聽者　得六神通
雖能如是　亦未為難　於我滅後　聽受此經
問其義趣　是則為難　若人說法　令千万億
无量无數　恒沙眾生　得阿羅漢　具六神通
雖有是益　亦未為難　於我滅後　若能奉持
如斯經典　是則為難　我為佛道　於无量土
從始至今　廣說諸經　而於其中　此經第一

此經難持　若暫持者　我則歡喜　諸佛亦然
如是之人　諸佛所歎　是則勇猛　是則精進
是名持戒　行頭陀者　則為疾得　无上佛道
能於來世　讀持此經　是真佛子　住淳善地
佛滅度後　能解其義　是諸天人　世間之眼
於恐畏世　能須臾說　一切天人　皆應供養

妙法蓮華經提婆達多品第十二

尒時佛告諸菩薩及天人四衆吾於過去无
量劫中求法華經无有懈惓於多劫中常作
國王發願求於无上菩提心不退轉為欲
滿足六波羅蜜勤行布施心无恡惜象馬七珎
國城妻子奴婢僕從頭目髓腦身肉手足不
惜軀命時世人民壽命无量為於法故捐捨
國位委政太子擊鼓宣令四方求法誰能為

國位委政太子擊鼓宣令四方求法誰能為
我說大乘者吾當終身供給走使時有仙人
來白王言我有大乘名妙法華若不違我當
為宣說王聞仙言歡喜踊躍即隨仙人供給
所須採菓汲水拾薪設食乃至以身而為床
座身心无惓于時奉事經於千歲為於法故
精勤給侍令无所乏尒時世尊欲重宣此義
而說偈言
我念過去劫　為求大法故　雖作世國王　不貪五欲樂
椎鍾告四方　誰有大法者　若為我解說　身當為奴僕
時有阿私仙　來白於大王　我有微妙法　世間所希有
若能脩行者　吾當為汝說　時王聞仙言　心生大喜悅
即便隨仙人　供給於所須　採薪及菓蓏　隨時恭敬與
情存妙法故　身心无懈惓　普為諸眾生　勤求於大法

佛告諸比丘尒時王者則我身是時仙人者
今提婆達多是由提婆達多善知識故令我
具足六波羅蜜慈悲喜捨三十二相八十種
好紫磨金色十力四无所畏四攝法十八不
共神通道力成等正覺廣度衆生皆因提婆
達多善知識故告諸四衆提婆達多却後過
无量劫當得成佛号曰天王如來應供正遍
知明行足善逝世間解无上士調御丈夫天
人師佛世尊世界名天道時天王佛住世二
十中劫廣爲衆生說於妙法恒河沙衆生得
阿羅漢果无量衆生發緣覺心恒河沙衆生
發无上道心得无生忍至不退轉時天王佛
般涅槃後正法住世二十中劫全身舍利起
七寶塔高六十由旬縱廣四十由旬諸天人

七寶塔高六十由旬縱廣四十由旬諸天人
民悉以雜華末香燒香塗香衣服瓔珞幢幡
寶蓋伎樂歌頌礼拜供養七寶妙塔无量衆
生得阿羅漢无量衆生悟辟支佛不可思議
衆生發菩提心至不退轉佛告諸比丘未來
世中若有善男子善女人聞妙法華經提婆
達多品淨心信敬不生疑惑者不墮地獄餓
鬼畜生生十方佛前所生之處常聞此經若
生人天中受勝妙樂若在佛前蓮華化生於
時下方多寶世尊所從菩薩名曰智積白
多寶佛當還本土釋迦牟尼佛告智積曰善男
子且待須臾此有菩薩名文殊師利可與相
見論說妙法可還本土尒時文殊師利坐千
葉蓮華大如車輪俱來菩薩亦坐寶華從於

脩敬已畢往智積所共相慰問却坐一面智
積菩薩問文殊師利仁往龍宮所化衆生其
數幾何文殊師利言其數无量不可稱計非
口所宣非心所測且待須臾自當有證所言
未竟无數菩薩生寶蓮華從海踊出詣靈鷲
山住在虚空此諸菩薩皆是文殊師利之所
化度具菩薩行皆共論說六波羅蜜本聲聞
人在虚空中說聲聞行今皆脩行大乘空義
文殊師利謂智積曰於海教化其事如是尒
時智積菩薩以偈讚曰
大智德勇健　化度无量衆　今此諸大會　及我皆已見
演暢實相義　開闡一乘法　廣度諸群生　令速成菩提
文殊師利言我於海中唯常宣說妙法華經
智積問文殊師利言此經甚深微妙諸經中

智積問文殊師利言此經甚深微妙諸經中
寶世所希有頗有衆生勤加精進脩行此經
速得佛不文殊師利言有娑竭羅龍王女年
始八歲智慧利根善知衆生諸根行葉得陁
羅尼諸佛所説甚深秘藏悉能受持深入禪
定了達諸法於刹那頃發菩提心得不退轉
辯才无礙慈念衆生猶如赤子功德具足心
念口演微妙廣大慈悲仁讓志意和雅能至
菩提智積菩薩言我見釋迦如來於无量劫
難行苦行積功累德求菩薩道未曾止息觀
三千大千世界乃至无有如芥子許非是菩
薩捨身命處為衆生故然後乃得成菩提道
不信此女於須臾頃便成正覺言論未訖時
龍王女忽現於前頭面禮敬却住一面以偈

以八十種好　用莊嚴法身　天人所戴仰　龍神咸恭敬
一切衆生類　无不宗奉者　又聞成菩提　唯佛當證知
我闡大乘教　度脫苦衆生
時舍利弗語龍女言汝謂不久得无上道是
事難信所以者何女身垢穢非是法器云何
能得无上菩提佛道懸曠經无量劫勤苦積
行具脩諸度然後乃成又女人身猶有五障
一者不得作梵天王二者帝釋三者魔王四
者轉輪聖王五者佛身云何女身速得成佛
尒時龍女有一寶珠價直三千大千世界持
以上佛佛即受之龍女謂智積菩薩尊者舍
利弗言我獻寶珠世尊納受是事疾不荅言
甚疾女言以汝神力觀我成佛復速於此當
時衆會皆見龍女忽然之間變成男子具菩

時衆會皆見龍女忽然之間變成男子具菩
薩行即往南方无垢世界坐寶蓮華成等正
覺三十二相八十種好普為十方一切衆生
演說妙法尒時娑婆世界菩薩聲聞天龍八
部人與非人皆遥見彼龍女成佛普為時會
人天說法心大歡喜悉遥敬礼无量衆生聞
法解悟得不退轉无量衆生得受道記无垢
世界六反震動娑婆世界三千衆生住不退
地三千衆生發菩提心而得受記智積菩薩
及舍利弗一切衆會默然信受

妙法蓮華經持品第十三

尒時藥王菩薩摩訶薩及大樂說菩薩摩訶
薩與二万菩薩眷屬俱皆於佛前作是誓言
唯願世尊不以為慮我等於佛滅後當奉持

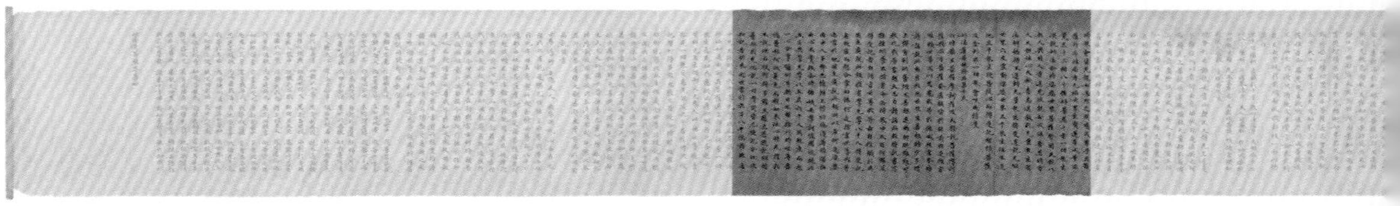

教化我等當起大忍力讀誦此經持說書寫
種種供養不惜身命尒時衆中五百阿羅漢
得受記者白佛言世尊我等亦自誓願於異
國土廣說此經復有學无學八千人得受記
者從座而起合掌向佛作是誓言世尊我等
亦當於他國土廣說此經所以者何是娑婆
國中人多弊惡懷增上慢功德淺薄瞋濁諂
曲心不實故尒時佛姨母摩訶波闍波提比
丘尼與學无學比丘尼六千人俱從座而起
一心合掌瞻仰尊顏目不暫捨於時世尊告
憍曇弥何故憂色而視如來汝心將无謂我
不說汝名授阿耨多羅三藐三菩提記耶憍
曇弥我先摠說一切聲聞皆已授記今汝欲
知記者將來之世當於六万八千億諸佛法

知記者將来之世當於六万八千億諸佛法
中爲大法師及六千學无學比丘尼俱爲法
師汝如是漸漸具菩薩道當得作佛号一切
衆生憙見如来應供正遍知明行足善逝世
間解无上士調御丈夫天人師佛世尊憍曇
弥是一切衆生憙見佛及六千菩薩轉次授
記得阿耨多羅三藐三菩提尒時羅睺羅母
耶輸陁羅比丘尼作是念世尊於授記中獨
不說我名佛告耶輸陁羅汝於来世百千万億
諸佛法中脩菩薩行爲大法師漸具佛道於
善國中當得作佛号具足千万光相如来應
供正遍知明行足善逝世間解无上士調御
丈夫天人師佛世尊佛壽无量阿僧祇刼尒
時摩訶波闍波提比丘尼及耶輸陁羅比丘

世尊導師　安隱天人　我等聞記　心安具足
諸比丘尼說是偈已白佛言世尊我等亦能
於他方國土廣宣此經尒時世尊視八十万
億那由他諸菩薩摩訶薩是諸菩薩皆是阿
惟越致轉不退法輪得諸陁羅尼即從座起
至於佛前一心合掌而作是念若世尊告勅
我等持說此經者當如佛教廣宣斯法復作
是念佛今嘿然不見告勅我當云何時諸菩
薩敬順佛意并欲自滿本願便於佛前作師
子吼而發誓言世尊我等於如來滅後周旋
往反十方世界能令衆生書寫此經受持讀
誦解說其義如法脩行正憶念皆是佛之威
力唯願世尊在於他方遥見守護即時諸菩
薩俱同發聲而說偈言

BD00184　妙法蓮華經卷四

薩俱同發聲而說偈言
唯願不為慮　於佛滅度後　恐怖惡世中　我等當廣說
有諸无智人　惡口罵詈等　及加刀杖者　我等皆當忍
惡世中比丘　邪智心諂曲　未得謂為得　我慢心充滿
或有阿練若　納衣在空閑　自謂行真道　輕賤人間者
貪著利養故　與白衣說法　為世所恭敬　如六通羅漢
是人懷惡心　常念世俗事　假名阿練若　好出我等過
而作如是言　此諸比丘等　為貪利養故　說外道論議
自作此經典　誑惑世間人　為求名聞故　分別於是經
常在大衆中　欲毀我等故　向國王大臣　婆羅門居士
及餘比丘衆　誹謗說我惡　謂是邪見人　說外道論議
我等敬佛故　悉忍是諸惡　為斯所輕言　汝等皆是佛
如此輕慢言　皆當忍受之　濁劫惡世中　多有諸恐怖
惡鬼入其身　罵詈毀辱我　我等敬信佛　當著忍辱鎧

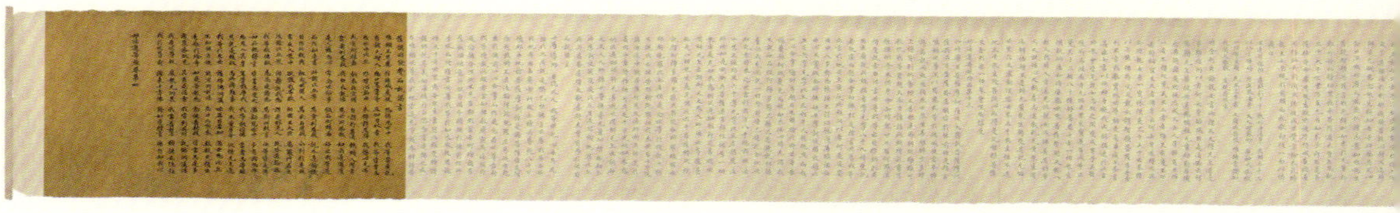

不知佛方便　隨宜所說法　惡口而顰蹙　數數見擯出
遠離於塔寺　如是等衆惡　念佛告勑故　皆當忍是事
諸聚落城邑　其有求法者　我皆到其所　說佛所囑法
我是世尊使　處衆無所畏　我當善說法　願佛安隱住
我於世尊前　諸來十方佛　發如是誓言　佛自知我心

妙法蓮華經卷第四

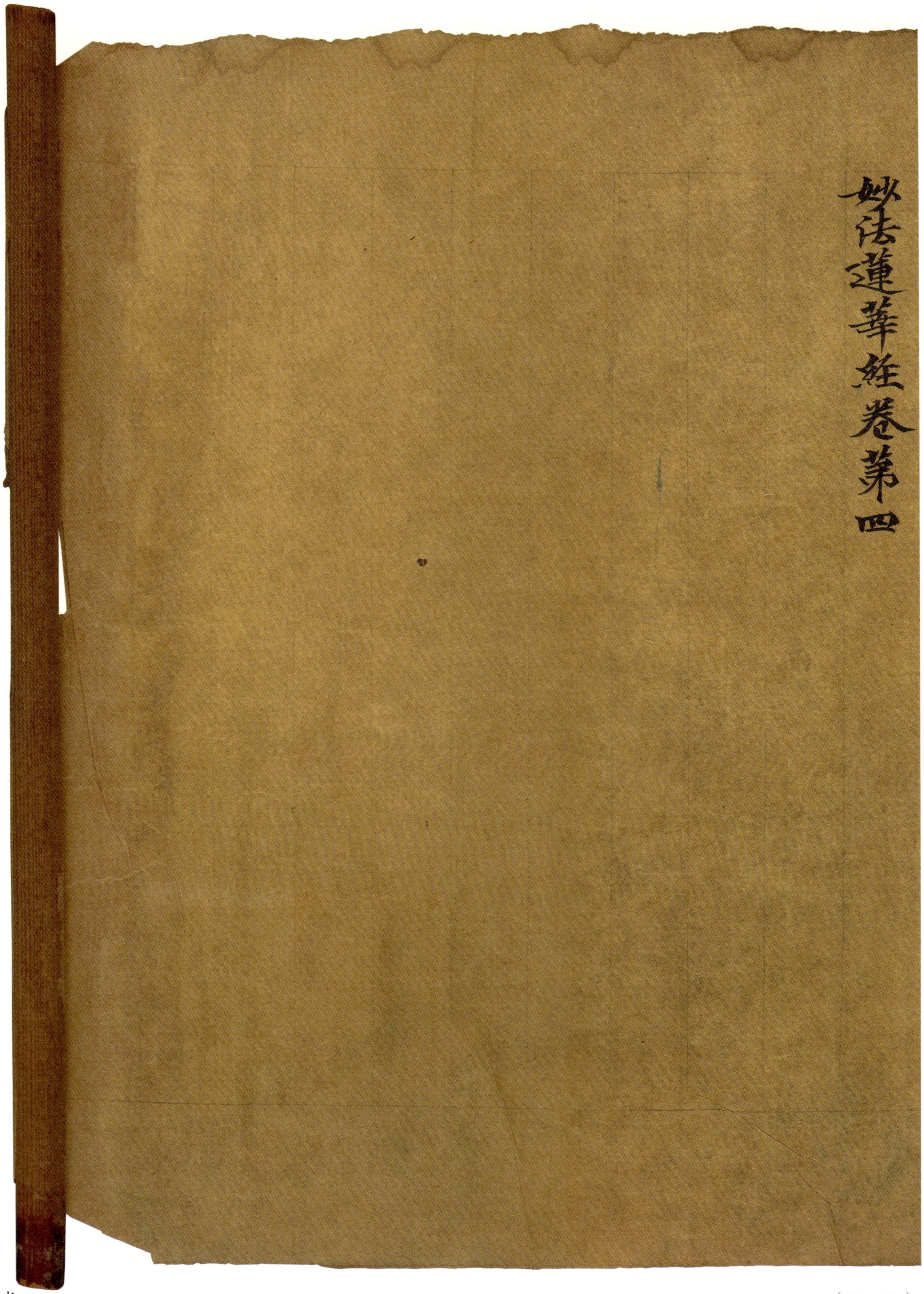

妙法蓮華經卷第四

BD00185 大般若波羅蜜多經卷二三七

（唐）玄奘 譯

BD00185v 大般若波羅蜜多經卷二三七外題

159.8cm × 25.3cm

（4–1）

初分難信解品第卅四之五十六　三藏法師玄奘奉　詔譯
善現大喜清淨故五眼清淨五眼清淨故一
切智智清淨何以故若大喜清淨若五眼清
淨若一切智智清淨無二無二分無別無斷故
大喜清淨故六神通清淨六神通清淨故
一切智智清淨何以故若大喜清淨若六
神通清淨若一切智智清淨無二無二分無別
無斷故善現大喜清淨故佛十力清淨佛十
力清淨故一切智智清淨何以故若大喜清
淨若佛十力清淨若一切智智清淨無二無
二分無別無斷故大喜清淨故四無所畏四
無礙解大慈大悲大捨十八佛不共法清淨
四無所畏乃至十八佛不共法清淨故一切智
智清淨何以故若大喜清淨若四無所畏乃

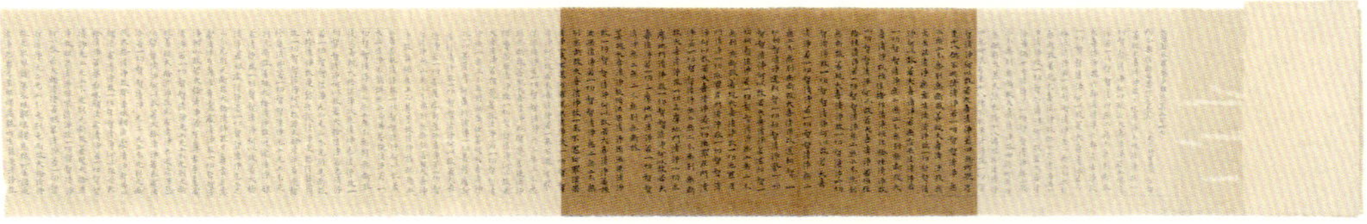

智清淨何以故若大喜清淨若四無所畏乃
至十八佛不共法清淨若一切智智清淨無
二無二分無別無斷故善現大喜清淨故無
忘失法清淨無忘失法清淨故一切智智清
淨何以故若大喜清淨若無忘失法清淨若
一切智智清淨無二無二分無別無斷故大
喜清淨故恒住捨性清淨恒住捨性清淨故
一切智智清淨何以故若大喜清淨若恒住
捨性清淨若一切智智清淨無二無二分無別
無斷故善現大喜清淨故一切智清淨一切
智清淨故一切智智清淨何以故若大喜
清淨若一切智清淨若一切智智清淨無二
無二分無別無斷故大喜清淨故道相智一

切相智清淨若一切智智清淨無二無二分
無別無斷故善現大喜清淨故一切陀羅尼
門清淨一切陀羅尼門清淨故一切智智清
淨何以故若大喜清淨若一切陀羅尼門清
淨若一切智智清淨無二無二分無別無斷
故大喜清淨故一切三摩地門清淨一切三
摩地門清淨故一切智智清淨何以故若大
喜清淨若一切三摩地門清淨若一切智智
清淨無二無二分無別無斷故
善現大喜清淨故預流果清淨預流果清淨
故一切智智清淨何以故若大喜清淨若預
流果清淨若一切智智清淨無二無二分無
別無斷故大喜清淨故一來不還阿羅漢果
清淨一來不還阿羅漢果清淨故一切智智

別無斷故大喜清淨故一來不還阿羅漢果
清淨一來不還阿羅漢果清淨故一切智智
清淨何以故若大喜清淨若一來不還阿羅
漢果清淨若一切智智清淨無二無二分無
別無斷故善現大喜清淨故獨覺菩提清淨
獨覺菩提清淨故一切智智清淨何以故若
大喜清淨若獨覺菩提清淨若一切智智清
淨無二無二分無別無斷故善現大喜清淨
故一切菩薩摩訶薩行清淨一切菩薩摩訶
薩行清淨故一切智智清淨何以故若大喜
清淨若一切菩薩摩訶薩行清淨若一切智
智清淨無二無二分無別無斷故善現大喜淨
淨故諸佛無上正等菩提清淨諸佛無上
正等菩提清淨故一切智智清淨何以故若

切智清淨無二無二分無別無斷故

復次善現大捨清淨故色清淨色清淨故一
切智智清淨何以故若大捨清淨若色清淨
若一切智智清淨无二无二分无別无斷故
大捨清淨故受想行識清淨受想行識清淨
故一切智智清淨何以故若大捨清淨若受想
行識清淨若一切智智清淨无二无二分无
別无斷故善現大捨清淨故眼處清淨眼
處清淨故一切智智清淨何以故若大捨
清淨若眼處清淨若一切智智清淨无二无
二分无別无斷故大捨清淨故耳鼻舌身意
處清淨耳鼻舌身意處清淨故一切智智清
淨何以故若大捨清淨若耳鼻舌身意處
清淨若一切智智清淨无二无二分无別无斷
故善現大捨清淨故色處清淨色處清淨故一

故善現大捨清淨故色處清淨色處清淨故一
切智智清淨何以故若大捨清淨若色處清
淨若一切智智清淨无二无二分无別无斷
故大捨清淨故聲香味觸法處清淨聲香味
觸法處清淨故一切智智清淨何以故若大
捨清淨若聲香味觸法處清淨若一切智智
清淨无二无二分无別无斷故善現大捨清
淨故眼界清淨眼界清淨故一切智智清淨
何以故若大捨清淨若眼界清淨若一切智
智清淨无二无二分无別无斷故大捨清淨
故色界眼識界及眼觸眼觸為緣所生諸受
清淨色界乃至眼觸為緣所生諸受清淨故

BD00185v　大般若波羅蜜多經卷二三七外題

BD00186 金光明最勝王經卷一

（唐）義净 譯

BD00186v 便粟歷（擬）

75.8cm×24.5cm

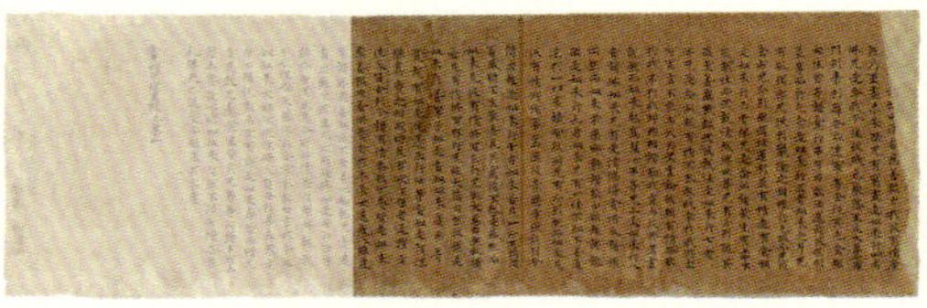

……生由往昔慈善根力於彼有情廣
說乃至盡未來際无有窮盡是如來行四者
佛无是念我今往彼城邑聚落王及大臣婆羅
門刹帝利薜舍戍達羅等舍從其乞食然
由往昔身語意行串習力故任運詣彼爲利
益事而行乞食是如來行五者如來之身无
有飢渴亦无便利羸僾之相雖行乞取而无所
食亦无分別然爲任運利益有情是有食相
是如來行六者佛无是念此諸衆生有上中下
隨彼機性而爲說法然佛世尊无有分別隨其
器量善應機緣爲彼說法是如來行七者
佛无是念此類有情不恭敬我常於我所出
呵罵言不能与彼共爲言論彼類有情恭敬

者諸佛如來无有愛憎憍慢貪惜及諸煩
惱然而如來常樂寂靜讚歎少欲離諸諠
閙是如來行九者如來无有一法不知不善通
達於一切處鏡智現前无有分别然而如來見
彼有情所作事業隨彼意轉方便誘引令
得出離是如來行十者如來若見一分有情得
富盛時不生歡喜見其衰損不起憂慼然而
如來見彼有情修習正行无礙大慈自然救攝
若見有情修習邪行无礙大悲自然救攝是
如來行善男子如是當知如來應正等
覺説有如是无邊正行汝等當知是謂涅
槃真實之相或時見有般涅槃者是權方
便及留舍利令諸有情恭敬供養皆是如來
慈善根力若供養者於未來世遠離八難逢

慈善根力若供養者於未來世遠離八難逢
事諸佛遇善知識不失善心福報无邊速
當出離不爲生死之所纏縛如是妙行汝等
勤修勿爲放逸尒時妙幢菩薩聞佛親說
不般涅槃及甚深行合掌恭敬白言我今始
知如來大師不般涅槃及留舍利普益衆生
身心踊悅歎未曾有說是如來壽量品時无
量无數无邊衆生皆發无等等阿耨多羅三
藐三菩提心時四如來忽然不現妙幢菩薩
礼佛足已從座而起還其本處

金光明最勝王經卷第一

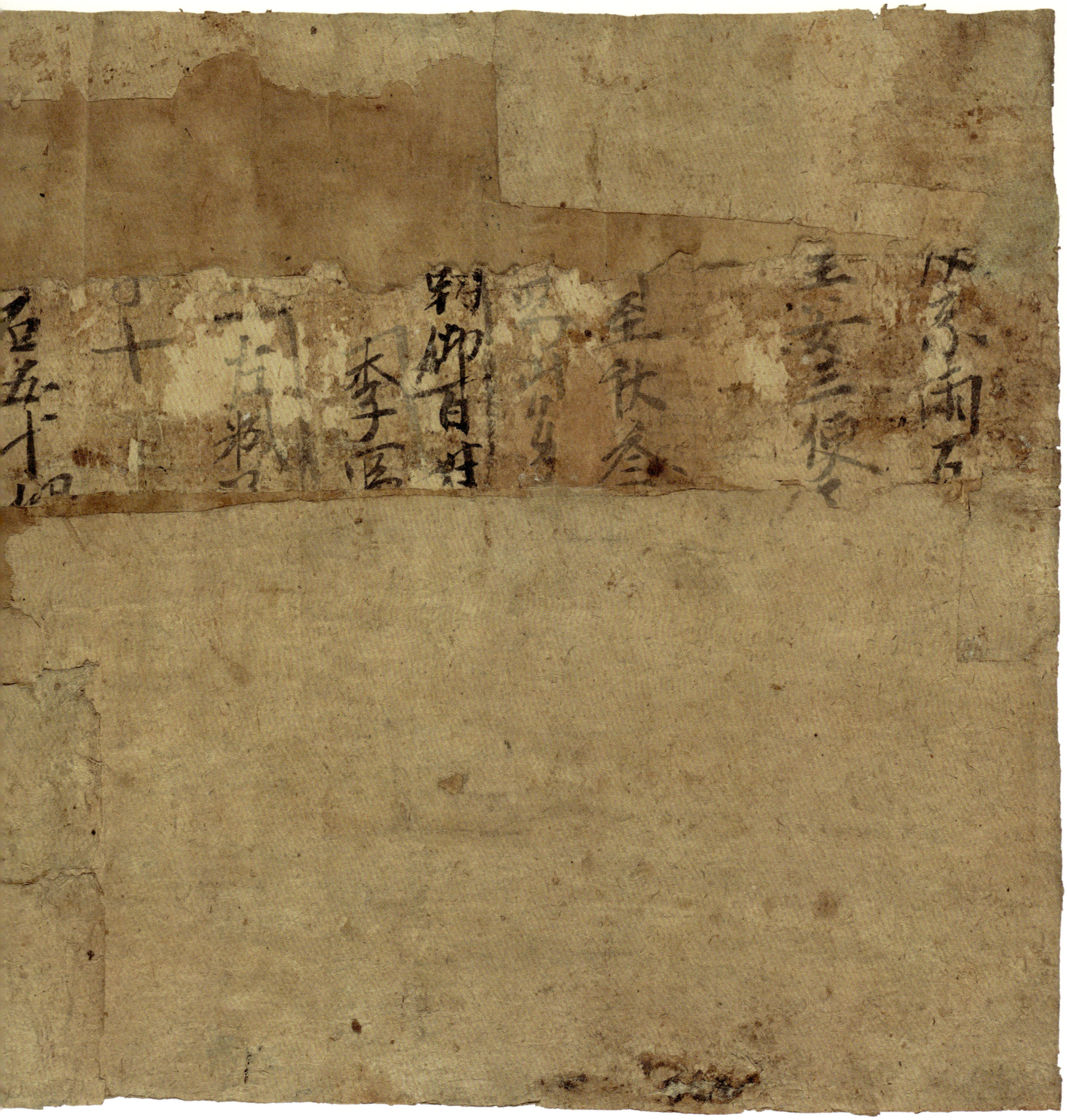

BD00186v　便粟歷（擬）

BD00187　太玄真一本際經卷一

45.5cm × 26.3cm

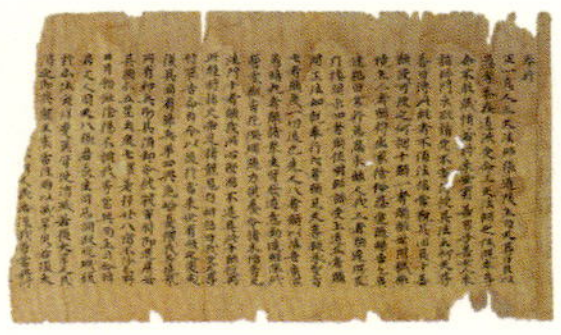

奉行
正一真人三天法師張道陵上白天尊曰臣以
愚劣忝在道流受命三天法師之任既奉尊
命不敢藏情若得來世有善男子善女人來
詣師門求欲請受不審傳授其法云何天尊
荅曰傳此經者不須法信當觀其心具十善
願便可授之何謂十願一者願離世間穢雜
境土二者願得出家捨俗恩愛隨緣乞廣
建福田常行慈忍永離人我三者願逢勝友
引接開示四者願值明師諮受上道五者願
聞正法如說奉行六者願見天尊親承聖旨
七者願度一切後己先人八者願以法音廣宣
曉悟九者願普天三界發心立功建像

法門十者願我此心堅固不退具此十願授與
此經時諸天帝及諸龍鬼自相語曰我受天尊
付囑吉命自今以後於當來世有經之處或
復其國有難兵革四興危嶮憂懼我等徒衆
所有神兵助其消却令彼寇害時即退屏若
其國分五星失度七曜差移廿八宿不依分野
日月勃蝕陰陽不調我等當與南上司命韓
君丈人周天八極君長生司馬調政璇璣復
於分位灾祥變異皆使消滅若復大旱人民
渴乏即與龍王震雷注雨以滅旱災若復大
[illegible]水人民淪沒我等當與河

BD00188　中阿含經鈔（擬）

479.7cm × 31cm

中阿含經卷第十二 王相應品婆𡘂陵耆經第六 我聞如是一時佛遊拘薩羅國尒時世
尊與大比丘衆俱行道中路欣然咲尊者阿難見世尊咲叉手向佛白曰世尊何因緣咲諸佛
如来無所著等正覺無若無因緣終不妄咲願聞其意彼時世尊告日阿難此處所中迦葉
如来無所著等正覺在處坐爲弟子說法於是尊者阿難即在彼處速疾敷座叉手向佛白曰世
尊唯願世尊亦坐此處爲弟子說法如是此處爲如来無所著等正覺所行尒時世尊便於彼
處坐尊者阿難所敷之座坐已告日阿難此處所中迦葉如来無所著等正覺有講堂迦葉如
来無所著等正覺於中坐已爲弟子說法阿難此處所中昔有村邑名鞞婆陵耆極大豊樂
多有人民阿難鞞婆陵耆村邑之中有梵志大長者名日無恚極富樂資財無量
畜牧産業不可稱計封户食邑種種具足阿難梵志大長者無恚有子名優多羅童
納爲父母所舉受生清淨乃至七世父母不絕種族生生無惡博聞總持誦過四典經
深達因緣正文戲五句說阿難優多羅童子有善朋友名難提波羅陶師常爲優
多羅童子之所愛念喜悅見無厭阿難難提波羅陶師歸佛歸法歸比丘衆不疑
三尊不惑苦習滅道得信持戒博聞惠施成就智慧離煞斷煞棄捨刀仗有慚
有愧有慈悲心饒益一切乃至蜫虫彼於煞生淨除其心阿難難提波羅陶師
離不與取斷不與取與之乃取樂於與常好布施歡喜無悋不望其報
彼於不與取淨除其心阿難難提波羅陶師離非梵行勤脩梵行精勤妙行

清淨無穢離欲斷婬彼於非梵行淨除其心阿難難提波羅陶師離妄言
斷妄言真諦言樂真諦不移動一切可信不欺世間彼於妄言淨除其心阿難難
提波羅陶師離兩舌斷兩舌行不兩舌不破壞他不聞此語彼欲破壞此不聞彼語此
破壞彼離者欲合合者歡喜不作群黨不樂群黨不稱群黨彼於兩舌
淨除其心阿難難提波羅陶師離麁言斷麁言若有所言辭氣麁獷惡聲逆耳
衆所不喜衆所不愛使他苦惱令不得定斷如是言若有所說清和柔潤順
耳入心可喜可愛他安樂言聲具了不使生畏令他得定說如是言彼於麁言
淨除其心阿難難提波羅陶師離綺語斷綺語時說真說法說義說心息說樂
心息說事順時得宜善教善訶彼於綺語淨除其心阿難難提波羅陶師離治生
斷治生棄捨稱量及斗斛棄捨受貨不縛束不望折汁量不以小利侵欺
於生彼於治生淨除其心阿難難提波羅陶師離受寡婦童女斷受寡婦童
女彼於寡婦童女淨除其心阿難難提波羅陶師離受奴婢斷受奴婢彼於受
奴婢淨除其心阿難難提波羅陶師離受象馬牛羊斷受象馬牛羊彼於受象馬
牛羊淨除其心阿難難提波羅陶師離受雞猪斷受雞猪彼於受雞猪淨除其心
阿難難提波羅陶師離受田業店肆斷受田業店肆彼於受田業店肆淨除
其心阿難難提波羅陶師離受生稻麥豆斷受生稻麥豆彼於受生稻麥豆淨
除其心阿難難提波羅陶師離酒斷酒彼於飲酒淨除其心阿難難提波羅陶師

除其心阿難難提波羅陶師離酒斷酒彼於飲酒淨除其心阿難難提波羅陶師
離高廣大牀斷高廣大牀彼於高廣大牀淨除其心阿難難提波羅陶師離華
鬘瓔珞塗香脂粉斷華鬘瓔珞塗香脂粉彼於華鬘瓔珞塗脂粉淨除
其心阿難難提波羅陶師離歌儛倡妓及往觀聽斷歌儛倡妓及往觀聽彼於
歌儛倡妓及往觀聽淨除其心阿難難提波羅陶師離受生色象寶斷受
生色象寶彼於生色象寶淨除其心阿難難提波羅陶師離過中食斷過中食
常一食不夜食學時食彼於過中食淨除其心阿難難提波羅陶師盡
形壽手離鏵鍬不自掘地亦不教他若水岸山崩土及鼠壤土取用作器舉著
一面語買者曰汝等若有豌豆稻麥大小麻豆䗖豆芥子寫已持器去隨意所欲
阿難難提波羅陶師盡形壽供侍父母父母無目唯仰於丞是故供侍阿難難提
波羅陶師過夜平旦往詣迦葉如來無所著等正覺所到已作礼却坐一面迦葉
如來無所著等正覺為彼說法勸發渴仰成就歡喜無量方便為彼說法勸
發渴仰成就歡喜已嘿然而住阿難於是難提波羅陶師迦葉如來無所
著等正覺為其說法勸發渴仰成就歡喜已即從坐起礼迦葉如來無
所著等正覺足繞三匝而去尒時優多羅童子乘白馬車與五百童子俱過夜
平旦從鞞婆陵耆村邑出往至一無事處欲教若干國來諸弟子等令讀梵
志書於是優多羅童子遙見難提波羅陶師來見已便問難提波羅汝從何來
難提波羅荅曰我今從迦葉如來無所著等正覺所[illegible]

難提波羅答曰我今從迦葉如來無所著等正覺所供養礼事來優多羅汝
可共我往詣迦葉如來無所著等正覺所供[illegible]養礼事於是優多羅童子
答曰難提波羅我不欲見禿頭沙門禿頭沙門不應得道

中阿含經卷第十三

王相應品烏鳥喻經第一　我聞如是一時佛遊王舍城在竹林加
蘭哆園尒時世尊告諸比丘昔轉輪王欲試珠寶時便集四種軍象軍馬
軍車軍步軍集四種軍已於夜闇中豎立高幢安珠置上出至園觀珠之光曜
照四種軍明之所及方半由延彼時有一梵志而作是念我寧可往見轉輪王及四
種軍觀瑠璃珠尒時梵志復作是念且置見轉輪王及四種軍觀瑠璃珠我
寧可往至彼林間於是梵志便往詣林到已入中至一樹下坐已未久有一獺
獸來梵志見已而問之曰善來獺獸汝從何來為欲何去答曰梵志此[illegible]池本
時清泉盈溢饒藕多華魚鼈滿中我昔所依而今枯槁梵志當知我欲捨
濟[illegible]中去趣彼大河我今欲去唯畏於王時彼獺獸與此梵志共論是已便
捨而去梵志故復有究暮鳥來梵志見已而問之曰善來究暮鳥汝從何來
為欲何去答曰梵志此池本時清泉盈溢饒藕多華魚鼈滿中我昔所
依而今枯槁梵志當知我欲捨去依彼死牛聚處栖宿或依死驢或依死
至聚處栖宿我今欲去唯畏於王彼究暮鳥與此梵志共論是已便捨而去梵志
故坐復有鵄鳥鳥來梵志見已而問之曰善來鵄鳥鳥汝從何來為欲何去答曰梵

故坐復有鵄烏鳥来梵志見已而問之曰善来鵄烏鳥汝從何来為欲何去答曰梵
志我從大[redacted]墓復至大墓煞害而来我今欲食死烏之[redacted]宍馬死牛死至之[redacted]宍我今欲
去唯畏於至時彼鵄烏鳥與此梵志共論是已便捨而去梵志故坐復有食吐
烏来梵志見已而問之曰善来食吐鵄汝從何来為欲何去答曰梵志汝見何
者就鵄烏鳥去耶我食彼吐我今欲去[redacted]唯畏於至彼食吐烏與此梵志共論是
已便捨而去梵志故坐[redacted]復有豺獸来梵志見已而問之曰善来豺獸
汝從何来為欲何去答曰梵志我從深澗至深澗從榛莽至榛莽從僻靜
至僻靜處来我今欲食死象之[redacted]宍死馬死牛死至之宍我今欲去唯畏於至
時彼豺獸與此梵志共論是已便捨而去梵志故坐復有烏鵄鳥来梵志見已
而問之曰善来烏鵄鳥汝從何来為欲何去答曰梵志汝強頟癡狂何為問我汝
從何来為欲何去彼時烏鵄鳥面訶梵志已便捨而去梵志故坐復有狌狌獸来梵志
見已而問之曰善来狌狌狩汝從何来為欲何去答曰梵志我從園至園從觀至
觀從林至林飲清泉水食好菓来我今欲去不畏於至彼狌狌獸與此梵志
共論是已便捨而去佛告諸比丘吾說此喻欲令解義汝等當知此說有義時彼
獺狩與此梵志共論是已便捨而去吾說此喻有何義耶若有比丘依村邑
行比丘平旦著衣持鉢入村乞食不護於身不守諸根不立正念而彼說法或
佛所說或聲聞所說因此得利衣被飲食牀蓐湯藥諸生活具彼得利已深

著麁猗不見灾患不能捨離隨意而用彼比丘行惡戒成就惡法已取在其邊
生弊腐敗非梵行稱梵行非沙門稱沙門猶梵志見獺獸已而問之曰善來
獺獸汝從何來為欲何去答曰梵志此池本時清泉盈溢饒藕多華魚鼈滿中我
昔所依而今枯槁梵志當知我欲捨去入彼大河我今欲去唯畏於生吾說比丘亦
復如是入惡不善穢汙法中為當來有煩惱苦報生老病死因是以比丘莫行
如獺莫依非法以自存命當淨身行淨口意行住無事中著糞掃依常
行乞食少欲知足樂住遠離而習精勤立念正智正定正慧常
當遠離應學如是彼究竟墓與此梵志共論是已便捨而去吾說此喻
有何義耶若有比丘依村邑行比丘平旦著依持鉢入村乞食不護於身不守
諸根不立正念彼入他家教化說法或佛所說或聲聞所說因此得利衣被飲食
牀蓐湯藥諸生活具彼得利已染著麁猗不見灾患不能捨離隨意用
彼比丘行惡戒成就惡法已取在其邊生弊腐敗非梵行稱梵行非沙門稱沙門
猶梵志見究竟墓已而問之曰善來究竟墓汝從何來為欲何去答曰梵志此池本時
清泉盈溢饒藕多華魚鼈滿中我昔所依而今枯槁梵志當知我今欲去依
彼死牛聚處栖宿或依死驢或依死至聚處栖宿我今欲去唯畏於生吾說比丘亦
亦復如是依惡不善穢汙之法為當來有本煩熱苦報生老病死因是以比丘莫
行如究竟莫依非法以自存命當淨身行淨口意行住無事中著糞掃衣常
[illegible]

行如究暮莫依非法以自存命當淨身行淨口意行住無事中著糞掃衣常
行乞食次第乞食少欲知足樂住遠離而習精勤立正念正智正定正慧常當
遠離應學如是時彼鵄鳥與此梵志共論是已便捨而去吾說此喻有何義耶
若有比丘依村邑行比丘平旦著衣持鉢入村乞食不護於身不守諸根不立正念
彼入他家教化說法或佛所說或聲聞所說因此得利衣被飲食牀蓐湯藥諸生活
具彼得利已染著䐗椅不見災患不能捨離隨意而用彼比丘行惡成就
惡法最在其邊生弊腐敗非梵行稱梵行非沙門稱沙門猶如梵志見鵄
鳥已而問之曰善來鵄鳥汝從何來為欲何去答曰梵志我從大墓復
大墓宮而來我今欲食象死之肉死馬死牛死至人之肉我今欲去唯畏長至
吾說比丘亦復如是是以比丘莫行如鵄鳥莫依非法以自存命當淨身
行淨口意行住無事中著糞掃衣常行乞食次第乞食少欲知足樂住遠
離而習精勤立正念正智正定正慧常當遠離應學如是彼貪吐鳥與此
梵志共論是已便捨而去吾說此喻有何義耶若有比丘依村邑行比丘平旦
著衣持鉢入村乞食不護於身不守諸根不立正念彼入比丘尼房教化
說法或佛所說或聲聞所說彼比丘足入若干家說惡受信施物持比丘因此得利
衣被飲食牀蓐湯藥諸生活具彼得利已染著䐗椅不見災患不能捨離
隨意而用彼比丘行惡成就惡法最在其邊生弊腐敗非梵行稱梵行非沙門

隨意而用彼比丘行惡戒成就惡法處在其邊生弊腐敗非梵行稱梵行非沙
門稱沙門　猶如梵志見食吐鳥已而問之曰汝從何來為欲何去答曰梵志汝見向者
就鳥鳥去耶我食彼吐我欲去唯畏於至吾說比丘亦復如是是以比丘莫行如
食吐鳥莫依非法以自存命當淨身行淨口意行住無事中著衲衣常
行乞食次第乞食少欲知足樂住遠離而習精勤立正念正智正定正慧
常當遠離應當學如是彼時彼豺獸與此梵志共論是已便捨而去吾說
說此喻有何義邪若有比丘依貧村住彼若知村邑及城郭中多有智慧
精進梵行者即便避去若知村邑及城郭中無有智慧精進梵行者而
來住中或九迺或十迺諸比丘見已便問賢者何處[illegible]遊行彼即答曰諸賢
我於其處貧村邑行諸比丘聞已即作是念此賢者難行而行
乃能依其貧村邑行諸比丘等便恭敬礼事供養因此得利衣被
飲食牀蓐湯藥諸生活具彼得利已染著觸觸不見災患不能捨離隨意
而用彼比丘行惡戒成就惡法處在其邊生弊腐敗非梵行稱梵行非沙門稱
沙門猶如梵志見豺獸已而問之曰善來豺獸汝從何來為欲何去答曰梵志
我從深澗至深澗從榛莽從僻靜至僻靜處來我今欲食死象之肉死
馬死牛死至之肉我今欲去畏於至吾說比丘亦復如是是以比丘莫行如豺莫

我行淨淨[illegible]
馬死牛死王之肉我今欲去唯畏於王吾說比丘亦復如是是以比丘莫行如狗莫
依非法以自存命當淨身行淨口意行住無事中著糞掃衣常行乞食當棄
乞食少欲知足樂住遠離而習精勤立正念正智正定正慧常當遠離惡
學如是彼時烏鳥面訶梵志已便捨而去吾說此喻有何義耶若有比丘依
貧無事處而受夏坐彼若知村邑及城郭中多有智慧精進梵行者即便遠
去若知村邑及城郭中無有智慧精進梵行者而來住中二過三過諸比丘見已
問曰賢者何處夏坐答曰諸賢我今依某某貧無事處而受夏坐我不如
彼諸愚癡輩作狀成就具足五事而住於中中前中後中後中前口隨其
味味隨其口求而求索而索行諸比丘聞已即作是念此賢者難行而行
所以何此賢者乃能依某某貧無事處而受夏坐諸比丘等便共恭敬禮事供
養因此得利衣被飲食床蓐湯藥諸生活具彼得利已染著觸猗不見災患
不能捨離隨意而用彼比丘行惡戒成就惡法最在其邊生弊腐敗非梵行
稱梵行非沙門稱沙門猶如梵志見烏鳥已而問之曰善來烏鳥汝從何來
為欲何去答曰梵志汝強顏癡狂何為問我汝從何來為欲何去吾說比丘亦復
如是是以比丘莫行如烏莫依非法以自存命當淨身行淨口意行住無事

如是是以比丘莫行如住莫住非法以自存命當淨身行淨口意行住無事
中著糞掃衣常乞食次第乞食少欲知足之樂住遠離而習精勤立正念正智正定
正慧常當遠離應學如是彼梵志聞與此梵志共論是已便捨而去吾説此喻
有何義耶若有比丘依村邑行比丘平旦著衣持鉢入村乞食善護於身守攝
諸根立於正念彼從村邑乞食已竟食訖中後收舉衣鉢澡洗手足以尼師
檀著於肩上或至無事處或至樹下或至空屋中敷尼師檀結跏趺坐正身正
願反念不向斷除貪伺心無有諍見他財物諸生活具不起貪伺欲[redacted]令我
得彼於貪伺淨除其心如是瞋恚睡眠掉悔斷疑度惑於善法中無有猶豫彼
於疑惑淨除其心彼已斷此[redacted]五蓋心[redacted]穢慧羸離欲離惡不善之法至得第
四禪成就遊彼得如是定心清淨無穢無煩柔軟善住得不動心趣向漏盡
智通作證彼便知此苦[redacted]如真知此苦習知此苦滅知此苦滅道如真知此[redacted]漏[redacted]知
此漏習知此漏滅知此漏滅道如真彼如是知如是見已則欲漏心解脫有漏無
明漏心解脫解脫已便知解脫生已盡梵行已立所作已辦不更受有知如真猶如梵
志見牲牲已而問之曰善來牲牲汝從何來為欲何去答曰梵志我從園至園從觀
至觀從林至林飲清泉水噉好草菜我今欲去不畏於至吾説比丘亦復如
是是以比丘莫行如獺莫行如究暮莫行如飲鷲莫行如食吐鳥莫行如村莫行如
當當行如牲牲行以苦可廿中無著真人至如牲牲獸弗説如是彼諸比丘聞佛所

爲當行如狌狌所以者何世中無著真人至如狌狌戲佛說如是彼諸比丘聞佛所
說歡喜奉行
爲鳥喻經第一竟
中阿含經卷十八
中阿含長壽王品八念經第三我聞如是一時佛遊婆奇
瘦在鼉山怖林鹿野園中尒時尊者阿那律陁在枝提瘦水渚林中彼時尊
者阿那律陁在安靜處晏坐思惟心作是念道從無欲非有欲得道從知足非
無猒得道從遠離非樂住會非住聚會非合聚會得道從精勤非懈怠得
道從正念非邪念得道從定意非亂意得道從智慧非愚癡得於
是世尊以他心智知尊者阿那律陁心中所念所思所行世尊知已即入如
其像定以如其像定猶若力士屈申臂頃如是世尊從婆奇瘦
鼉山怖林鹿野園中忽沒不現住枝提瘦水渚林中尊者阿那律陁前是
時世尊便從定覺歎尊者阿那律陁曰善哉善哉阿那律陁謂汝在安靜
處晏坐思惟心作是念道從無欲非有欲得道從知足非無猒得道從遠離非
樂住會非住聚會非合聚會得道從精勤非懈怠得道從正念非邪念得
道從定意非亂意得道從智慧非愚癡得阿那律陁汝從如來受
第八大人之念受已便思道從不戲樂不戲行不戲非戲非樂戲非行戲得阿那律

第八之念已便思道從不戲樂不戲行不戲處非戲非樂戲處非行戲處得阿那律
隨若汝成就此大至八念者汝必能離欲離惡不善之法至得第四禪成就
遊阿那律隨若汝成就大至八念而復得此四增上心現法樂居易不難得者如
王王惡有好箱篋盛滿種種衣中前欲著便取著之時中後若欲著衣便
取著之隨意自在阿那律隨汝亦如是得糞掃衣為第一服汝心無欲行此住止
行阿那律隨若汝成就大至八念而復得此四增上心現法樂居易不難得者如
王王惡有好廚宰種種淨妙甘美餚饌阿那律隨汝亦如是常行乞食為第
一饌汝心無欲行此住止行阿那律隨若汝成就大至八念而復得此四增上心現
法樂居易不難得者如王王惡有好屋舍或樓閣宮殿阿那律隨汝亦如是
依樹下止為第一舍汝心無欲行此住止行阿那律隨若汝成就大至八念而復得
此四增上心現法樂居易不難得者如王王惡有好床坐敷以氍氀毾㲪
覆以錦綺羅縠有襯體被兩頭安枕加陵伽波和羅波遮悉悉哆羅那阿那律隨
汝亦如是草座葉座為第一座汝心無欲行此住止行阿那律隨若汝成就大至八念
而復得此四增上心現法樂居易不難得者如是汝若遊東方必得安樂無衆苦
患若遊南方西方北方者必得安樂無衆苦患阿那律隨若汝成就大至八念而
復得此四增上心現法樂居易不難得者我尚不說汝諸善法住況說衰退但當晝

復得此四增上心現法樂居易不難得者我尚不說汝諸善法住況說衰退但當晝
夜增長善法而不衰退阿那律陀若汝成就大人八念而復得此四增上心現法樂
居易不難得者汝於二果必得其一或於現世得究竟智或有餘得阿那
含阿那律陀汝當成就此大人八念亦應得此四增上心現法樂居易不
難得已然後於枝提瘦水渚林中受夏坐也尒時世尊為尊者阿那
律陀說法勸發渴仰成就歡喜無量方便為彼說法勸發渴仰成就
歡喜已入如其象定以如其象定猶若力士屈申臂頃如是世尊從枝
提瘦水渚林中忽沒不見住婆奇瘦鼉山怖林鹿野園中彼時尊者
阿難執拂侍佛於是世尊便從定覺迴顧告曰阿難若有比丘遊鼉山怖
林鹿野園中者令彼一切皆集講堂集講堂已還來白我尊者阿難
受佛教已稽首禮足即行宣勅諸有比丘遊鼉山怖林鹿野園中者令彼一切
皆集講堂集講堂已還詣佛所頭面禮足却住一面白曰世尊諸有比丘遊
鼉山怖林鹿野園中者已令一切皆集講堂唯願世尊自當知時於是世尊將
尊者阿難往詣講堂於比丘衆前敷座而坐坐已告曰諸比丘我今為汝說大
人八念汝等諦聽善思念之時諸比丘受教而聽佛言大人八念者謂道從無

至八念汝等諦聽善思念之時諸比丘受教而聽佛言大生八念者謂道從無
欲非有欲得道從知足非無猒得道從遠離非樂聚會非住聚會非
合聚會得道從精勤非懈怠得道從正念非邪念得道從定意非
亂意得道從智慧非愚癡得道從不戲樂不戲行不戲非戲非樂戲
非行戲得云何道從無欲非有欲得謂比丘得無欲自知得無欲不令他生知我
無欲得知足得遠離得精勤得正念得定意得智慧得不戲自知得不戲不
欲令他知我無欲是謂道從無欲非有欲得云何道從知足非無猒得謂
比丘行知足衣取覆形食取充軀是謂道從知足非無猒得云何道從遠
離非樂聚會非住聚會非合聚會得謂比丘行遠離成就二遠離身
及心俱遠離是謂道從遠離非樂聚會非住聚會非合聚會得云何
道從精勤非懈怠得謂比丘常行精進斷惡不善脩諸善法恒自起意
專一堅固為諸善本不捨方便是謂道從精勤非懈怠得云何道從正念
非邪念得謂比丘觀內身如身觀內覺心法如法是謂道從正念非邪念得
云何道從定意非亂意得謂比丘離欲離惡不善之法至得第四禪成就遊是謂
道從定意非亂意得云何道從智慧非愚癡得謂比丘脩行智慧觀興

道從定意非亂意得云何道從智慧非愚癡得謂比丘脩行智慧觀興
衰法得如是智聖慧明達分別曉了以正盡苦是謂道從智慧非愚
癡得云何道從不戲樂不戲行不戲非戲非樂戲非行戲得謂比丘意常
滅戲樂住無餘涅槃心恒樂住歡喜意解是謂道從不戲樂不戲行不戲
非戲非樂戲非行戲得諸比丘阿那律陀比丘成就此大人八念已然後枝提瘦水
渚林中受夏坐也我以此教彼在遠離獨住心無放逸脩行精勤彼在遠離
獨住心無放逸脩行精勤已族姓子所為剃除鬚髮著袈裟衣至信捨家無家
學道者唯無上梵行訖於現法中自知自覺自作證成就遊生已盡梵行已立
所作已辦不更受有知如真是時尊者阿那律陀得阿羅訶心正解脫得
長老上尊則於尒時而說頌曰 遠知我思念 無上世間師 正身心入定
乘虛忽來到 如我心所念 為說而復過 諸佛樂不戲 遠離一切戲
既從彼知法 樂住正法中 逮得三昧達 佛法作已辦 我不樂於死 亦不願於生
隨時任所適 立正念正智 鞞耶離竹林 我壽在彼盡 當在竹林下 無餘般涅槃

佛說如是尊者阿那律陁及諸比丘聞佛所說歡喜奉行　八念經第三竟

中阿含長壽王品娑雞帝三族姓子經第六

我聞如是一時佛遊娑雞帝在青林中尒時娑雞帝有三族姓子尊者阿那律陁尊難提尊者金毗羅並皆年少新出家學共來入此正法不久尒時世尊問諸比丘此三族姓子並皆年少新出家學共來入此正法不久此三族姓子頗樂於此正法律中行梵行耶時諸比丘嘿然不荅世尊復再三問諸比丘此三族姓子並皆年少新出家學共來入此正法不久此三族姓子頗樂於此正法律中行梵行耶時諸比丘亦復再三嘿然不荅於是世尊自問三族姓子告尊者阿那律陁汝等三族姓子並皆年少新出家學共來入此正法不久阿那律陁汝等頗樂此正法律中行梵行耶尊者阿那律陁白曰世尊如是我等樂此正法脩行梵行世尊問曰阿那律陁汝等小時年幼童子清淨黑髮身體盛壯樂於遊戲樂數澡浴嚴愛其身於後親親及其父母皆相愛戀悲惢涕哭不欲令汝出家學道汝等故能剃除鬚髮著袈裟衣至信捨家無家學道阿那律陁汝等不畏王而行學道亦不畏賊不畏負債不畏恐怖不畏貧窮不得活故而行學道但猒生老病死啼哭憂苦或復欲得大苦聚邊阿那律陁汝等不以如是心故出家學道耶荅曰如是阿那律陁若族姓子以如是心出家

等不以如是心故出家學道邪答曰如是阿那律陀若族姓子以如是心出家
學道者為知所由得無量善法邪尊者阿那律陀白世尊曰世尊為法
本世尊為法主法由世尊唯願說之我等聞已得廣知義佛便告曰阿那律
陀汝等諦聽善思念之我當為汝分別其義阿那律陀等受教而聽世尊告曰阿
那律陀若為欲所覆惡法所纏者不得捨樂無上止息彼心生增伺瞋恚睡眠
心生不樂身生煩中多食心憂彼比丘便不能忍飢渴寒熱蚊虻蠅蚤
風日所逼惡聲捶杖亦不能忍身遇諸疾極為苦痛至命欲絕諸不
可樂皆不堪耐所以者何以為欲所覆惡法所纏不得捨樂無上止息故
若有離欲非為惡法之所纏者必得捨樂及無上止息彼心不生增伺
瞋恚睡眠心不生不樂身不生煩申亦不多食心不愁憂彼比丘便能忍
飢渴寒熱蚊虻蠅蚤風日所逼惡聲捶杖亦能忍之身遇諸疾極為
苦痛至命欲絕諸不可樂皆能堪耐所以者何以非為欲所覆故不為惡法
之所纏故又得捨樂無上止息故世尊問曰阿那律陀如來以何義故或有
所除或有所用或有所堪或有所止或有所吐邪阿那律陀白世尊曰世尊
為法本世尊為法主法由世尊唯願說之我等聞已得廣知義佛便告曰

為法本世尊為法主法由世尊唯願說之我等聞已得廣知義佛便告曰
阿那律陁汝等諦聽善思念之我當為汝分別其義阿那律陁等受教
而聽世尊告曰阿那律陁諸漏
穢汙為當來有本煩熱苦報生老病死因如來非不盡非不知故或
有所除或有所用或有所堪或有所止或有所吐阿那律陁如來但因此
身故因六處故因壽命故或有所除或有所用或有所堪或有所止或有所
吐阿那律陁如來以此義故或有所除或有所用或有所堪或有所止或有所吐
世尊問曰阿那律陁如來以何義故住無事處山林樹下樂居高巖寂無
音聲遠離無惡無有人民隨順宴坐耶尊者阿那律陁白世尊曰世
尊為法本世尊為法主法由世尊唯願說之我等聞已得廣知義佛便告
曰阿那律陁汝等諦聽善思念之我當為汝分別其義阿那律陁等受教而
聽世尊告曰阿那律陁如來非為未得欲得未獲欲獲未證欲證故住無
事處山林樹下樂居高巖寂無音聲遠離無惡無有人民隨順宴
坐阿那律陁如來但以二義故住無事處山林樹下樂居高巖寂無音
聲遠離無惡無有人民隨順宴坐一者為自現法樂居故二者為慈愍

聲遠離無惡無有王民隨順晏坐一者為自現法樂居故二者為慈愍
後生王故或有後生王效如來住無事處山林樹下樂居高巖寂無
音聲遠離無惡無有王民隨順晏坐阿那律陁如來以此義故住無事處
山林樹下樂居高巖寂無音聲遠離無惡無有王民隨順晏坐世尊
聞曰阿那律陁如來以何義故弟子命終記說某生某處
尊者阿那律陁白世尊曰世尊為法本世尊為法主法由世尊唯
願說之我等聞已得廣知義佛便告曰阿那律陁汝等諦聽善思
念之我當為汝分別其[illegible]義阿那律陁等受[illegible]教而聽世尊告曰
阿那律陁如來非為趣為王說亦不欺誑王亦不欲得王歡樂故弟
子命終記說某生某處某生某處阿那律陁如來但為清信族姓
男族姓女極信極[illegible]愛極生喜悅閑此正法律已或心願效如是如
是故弟子命終記說某生某處某生某處若比丘聞某尊者

是故弟子命終記說某生某處某生某處若比丘聞某尊者
於某處命終彼為佛所記得究竟智生已盡梵行已立所作已辦不
更受有知如真或自見彼尊者或[illegible]復從他[illegible]數數聞之彼如是有信
如是持戒如是博聞如是惠施如是智慧其至聞已憶彼尊者有信
持戒博聞惠施智慧聞此正法律已或心願效如是如是向那律陁如是
比丘必得差降安樂住止阿那律陁復次比丘聞某尊者於某處命終
彼為佛所記五下分結已盡生於彼間而般涅槃得不退法不還
此世或自見彼尊者或復從他數數聞之彼尊者如是有信如是持戒
如是博聞如是惠施如是智慧其至聞已憶彼尊者有信持戒博
聞惠施智慧聞此正法律已或心願效如是如是向那律陁如是比丘
必得差降安樂住止阿那律陁復次比丘聞某尊者於某處命終
彼為佛所說三結已盡婬怒癡薄得一往來天上至間一往來已而得

彼為佛所說三結已盡婬怒癡薄得一往來而上生聞一往來已而得
苦際或自見彼尊者或復從他數數聞之彼尊者如是有信如
是持戒如是博聞如是惠施如是智慧其生聞已憶彼尊者有信持
戒博聞惠施智慧聞此正法律已或心頗效如是如是阿那律陁如是比
丘必得差降安樂住止阿那律陁復次比丘聞某尊者於某處命終
彼為佛所記三結已盡得須陁洹不墮惡法定趣正覺極受七有天上
生聞七往來已而得苦際或自見彼尊者或復從他數數聞之彼尊者
如是有信如是持戒如是博聞如是惠施如是智慧其生聞已憶彼尊者
有信持戒博聞惠施智慧聞此正法律已或心頗效如是如是阿那律陁
如是比丘必得差降安樂住止阿那律陁若比丘尼聞某比丘尼於某處命終
彼為佛所記得究竟智生已盡梵行已立所作已辦不更受有知如

彼爲佛所記得究竟智生已盡梵行已立所作已辦不更受有知如
真或自見彼比丘尼或復從他數數聞之彼比丘尼如是有信如是持戒
如是博聞如是惠施如是智慧其生聞已憶彼比丘尼有信持戒
博聞惠施智慧聞[illegible]此正法律已或心願效如是如是阿那律陁
如是比丘尼必得善降安樂住止阿那律陁復次比丘尼聞某比丘尼
於某處命終彼爲佛所記五下分結已盡生於彼間而般涅槃得

BD00189

維摩詰所説經卷中

（後秦）鳩摩羅什 譯

157.5cm × 25cm

於諸見而不動文殊
何等相維摩詰言我病无
合邪答曰非身
故又問地
病答曰是病
風大亦復如是而
有病是故我病
文殊師利問維摩
有疾菩薩維摩詰
離於身說身有苦不說
我而說教導衆生說身空
說悔先罪而不說入於過去以
疾當識宿世无數劫苦當念饒
於彼
衆生

薩令其歡喜
文殊師利言居士有疾菩薩云何調伏其心
維摩詰言有疾菩薩應作是念今我此病
皆從前世妄想顛倒諸煩惱生无有實法誰
受病者所以者何四大合故假名為身四大无
主身亦无我又此病起皆由著我是故於我
不應生著既知病本即除我想及衆生想
當起法想應作是念但以衆法合成此身起
唯法起滅唯法滅又此法者各不相知起時
不言我起滅時不言我滅彼有疾菩薩為滅
法想當作是念此法想者亦是顛倒顛倒者
即大患我應離之云何為離離我我所云何離
我我所謂離二法云何離二法謂不念内外
諸法行於平等云何平等謂我等涅槃等

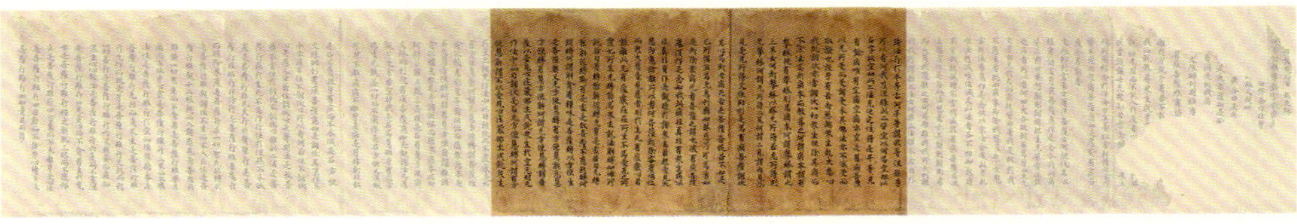

諸法行扵平等云何平等謂我等涅槃等
所以者何我及涅槃此二皆空以何為空但以
名字故空如此二法无決定性得是平等无
有餘病唯有空病空病亦空是有疾菩薩
以无所受而受諸受未具佛法亦不滅受而
取證也設身有苦念惡趣衆生起大悲心
我既調伏亦當調伏一切衆生但除其病而
不除法為斷病本而教導之何謂病本謂有
攀緣從有攀緣則為病本何謂攀緣謂之
三界云何斷攀緣以緣无所得若无所得則
无攀緣何謂无所得謂二見何謂二見謂內見外
見是无所得文殊師利是為有疾菩薩調伏
其心為斷老病死苦是菩薩菩提若不如是
己所脩治為无慧利譬如勝怨乃可為

應復作是念如我此病非真非有衆生病亦
非真非有作是觀時於諸衆生若起愛見大
悲即應捨離所以者何菩薩斷除客塵煩惱
而起大悲愛見悲者則於生死有疲厭心若
能離此无有疲厭在在所生不爲愛見之所
覆也所生无縛能爲衆生說法解縛如佛所
說若自有縛能解彼縛无有是處若自无縛
能解彼縛斯有是處是故菩薩不應起縛何
謂縛何謂解貪着禪味是菩薩縛以方便生
是菩薩解又无方便慧縛有方便慧解无慧
方便縛有慧方便解何謂无方便慧縛謂菩
薩以愛見心莊嚴佛土成就衆生於空无相无
作法中而自調伏是名无方便慧縛何謂有方
便慧解謂不以愛見心莊嚴佛土成就衆生

作法中而自調伏是名无方便慧縛何謂有方
便慧解謂不以愛見心莊嚴佛土成就衆生
於空无相无作法中以自調伏而不疲厭是名
有方便慧解何謂无慧方便縛謂菩薩住
貪欲瞋恚耶見等諸煩惱而殖衆德本是
名无慧方便縛何謂有慧方便解謂離諸
貪欲瞋恚邪見等諸煩惱而殖衆德本迴向
阿耨多羅三藐三菩提是名有慧方便解
文殊師利彼有疾菩薩應如是觀諸法又復
觀身无常苦空非我是名為慧雖身有疾常
在生死饒益一切而不厭惓是名方便又復觀
身身不離病病不離身是病是身非新非故
是名為慧設身有疾而不永滅是名 方便
文殊師利有疾菩薩應如是調伏其心不住其

中亦復不住不調伏心所以者何若住不調伏
心是愚人法若住調伏心是聲聞法是故菩
薩不當住於調伏不調伏心離此二法是菩
薩行在於生死不為污行住於涅槃不永滅
度是菩薩行非凡夫行非賢聖行是菩
薩行非垢行非淨行是菩薩行雖過魔行
而現降眾魔是菩薩行求一切智无非時求
是菩薩行雖觀諸法不生而不入正位是菩
薩行雖觀十二緣起而入諸邪見是菩薩行
雖攝一切眾生而不愛著是菩薩行雖樂遠
離而不依身心盡是菩薩行雖行三界而不壞
法性是菩薩行雖行於空而殖眾德本是
菩薩行雖行无相而度眾生是菩薩行雖
行无作而現受身是菩薩行雖行无起而起
一切善行是菩薩行雖行六波羅蜜而遍知

一切善行是菩薩行雖行六波羅蜜而遍知
衆生心心數法是菩薩行雖行六通而不盡漏
是菩薩行雖行四无量心而不貪着生於梵
世是菩薩行雖行禪定解脫三昧而不隨禪
生是菩薩行雖行四念處而不永離身受心法
是菩薩行雖行四正勤而不捨身心精進是
菩薩行雖行四如意足而得

圖書在版編目（CIP）數據

中國國家圖書館藏敦煌文獻．第一四册／中國國家圖書館編．—北京：國家圖書館出版社，2023.12
ISBN 978-7-5013-7889-0

Ⅰ．①中… Ⅱ．①中… Ⅲ．①敦煌學－文獻 Ⅳ．①K870.6

中國國家版本館 CIP 數據核字（2023）第 217340 號

書　　名　中國國家圖書館藏敦煌文獻・第一四册
著　　者　中國國家圖書館　編
項目統籌　魏　崇　殷夢霞
責任編輯　潘　竹　程魯潔　黄　鑫　苗文葉
責任校對　劉宇石　王　衡

出版發行　國家圖書館出版社（北京市西城區文津街 7 號　100034）
（原書目文獻出版社　北京圖書館出版社）
010-66114536　63802249　nlcpress@nlc.cn（郵購）
網　　址　http://www.nlcpress.com
排版印裝　天津裕同印刷有限公司
版次印次　2023 年 12 月第 1 版　2023 年 12 月第 1 次印刷

開　　本　787×1092　1/8
印　　張　43
書　　號　ISBN 978-7-5013-7889-0
定　　價　2800.00 圓